우리가 몰랐던

우리나라의 문화 · 역사 · 철학 이야기

국학

우리가 몰랐던
우리나라의
문화·역사·철학 이야기
국학(國學)

초판 1쇄 인쇄일 2015년 3월 31일
초판 1쇄 발행일 2015년 4월 3일

지은이   신근식
펴낸이   양옥매
책임편집 육성수
디자인   최원용
교 정   조준경

펴낸곳 도서출판 책과나무
출판등록 제2012-000376
주소 서울특별시 마포구 월드컵북로 44길 37 천지빌딩 3층
대표전화 02.372.1537   팩스 02.372.1538
이메일 booknamu2007@naver.com
홈페이지 www.booknamu.com
ISBN 979-11-5776-032-9(03190)

이 도서의 국립중앙도서관 출판시도서목록(CIP)은 서지정보유통지원 시스템
홈페이지(http://seoji.nl.go.kr)와 국가자료공동목록시스템
(http://www.nl.go.kr/kolisnet)에서 이용하실 수 있습니다.
(CIP제어번호 : CIP2015009932)

우리가 몰랐던
우리나라의
문화·역사·철학
이 야 기

국학

신근식 지음

책과나무

"현명한 사람은 역사에서 배우고, 어리석은 사람은 경험에서 배운다."는 말이 꼭 와 닿는다. 지금 같은 혼란한 시대에 바른 역사관을 세우기 위해 반드시 읽어야 할 책이다. 어른들이 먼저 읽고 자라나는 아이들에게 우리나라의 바른 문화와 역사 그리고 철학의 우수성을 알려 주어야 할 것이다.

제재형 대한언론인회 명예회장

나는 나를 아는가? 우리는 우리를 아는가? 해박한 지식과 예리한 통찰력으로 문학 · 철학 · 역사의 벽을 허물고 동서와 고금을 넘나들며 전개되는 '국학'에 그 해답이 들어 있다. 나와 우리의 참모습을 알게 하는 국학은 이 나라의 앞길을 환히 밝히는 이 시대의 횃불이다.

송종의 제20대 법제처장, 천고법치문화재단 이사장

가장 한국적인 것이 가장 세계적인 시대가 되고 있는 이때, 정작 우리는 우리 것의 진정한 가치를 너무나 모르고 있다. 우리에게는 '인류의 평화를 이루는 미래 희망이 한국에 있다'는 예언을 실현할 사명이 있고, 그 핵심이 바로 '홍익인간' 정신이다. 이를 잘 정리한 이 책이 한민족의 자부심과 사명을 일깨우는 길잡이가 되기를 염원해 본다.

전인구 육군 예비역 장군

이 책은 한마디로 '국학의 정석'이다. 국학이라는 바둑을 두고 싶으면 꼭 읽어야 하는 책이다.

박석재 한국천문연구원 연구위원

역사는 우리의 뿌리다. 뿌리가 깊은 나무는 모진 풍파를 견디고, 풍성한 열매를 맺는다. 그 동안 우리 역사와 문화를 바로 알기 위해 앞장서 온 저자 신근식 이사의 열정과 노력을 담아 펴낸 이 책이 21세기 대한민국의 더 좋은 미래를 열어 가는 소중한 길잡이가 되길 기대한다.

안희정 충청남도지사

이 책의 저자인 신근식 이사는 2006년부터 중앙공무원교육원 고위정책과정에 연속 출강하면서 우수 강사로 평가를 받은 국학전도사다. 지피지기로 백전불태의 국가전략을 기획해야 하는 대한민국 공직자들이라면 꼭 읽어 봐야 할 책이다. 특히 앞으로 이 나라를 이끌어 가야 할 젊은 신세대 공직자들에게 일독을 권한다.

김원태 중앙공무원교육원 교수

우리나라에 대해서 이렇게 모르다니, 정말 부끄럽다. 우리나라 사람이라면 꼭 한번 읽어 봐야 할 책이다. 특히나 당신이 지성인이라고 생각한다면, 이 책을 반드시 읽길 바란다.

오종윤 한국재무설계 대표이사 · 생활과학박사

한국인의 힘과 저력을 알려 주는 책이다. 인성이 흔들리는 요즘 같은 시대에 대한민국이 앞으로 나아갈 바를 밝혀 놓은 이 책을 모든 국민들이 꼭 한번 읽기를 권한다.

손석호 한국인성개발원 원장

내 나라 대한민국!

내가 태어나고 자란 곳이며 내가 사랑하는 이들이 함께 살아가고 있는 곳, 그리고 죽어서 내가 묻힐 곳도 바로 이곳, 대한민국이다.

이 대한민국에서 나고 자란 우리 한민족을 일컬어 흔히 '반만 년의 유구한 역사를 가진 단일민족'이라고 규정하고, '단군의 자손'이라 여긴다. 그러면서 가장 큰 비교의 대상이 필요할 때는 단군을 인용하곤 한다.

단군 이래 가장 잘 사는 시대
단군 이래 최고의 흑자
단군 이래 최대 프로젝트
단군 이래 최대규모 소송
등등…….

요즘은 출판계에서도 단군 이래 최고의 불황이란 말까지 쓴다고 한다.

　그러나 이렇게 스스로를 단군의 자손이라 여기며 반만 년의 역사를 가진 대단한 민족이라고 자부하면서도 정작 "우리가 자랑할 만한 것이 무엇인지?"에 대해서는 제대로 얘기할 수 있는 사람이 많지 않은 것 같다. 더구나 우리는 단군을 실존인물이 아닌 신화 속 허구의 인물로 알고 있지 않은가?

　자라나는 아이들에게, 그리고 외국인들에게 우리의 자랑할 만한 문화·철학·정신이라고 할 만한 것이 무엇이 있을까? 과연 있기는 한 것일까? 더 큰 문제는 이런 부분에 대해 의문을 가지는 사람조차 별로 없고, 그런 부분에 대해 제대로 교육을 하는 곳조차 없다는 사실이다.

　주변에서 강대국이라 불리는 나라와 민족들은 자기 나라의 문화와 역사 그리고 철학 교육을 통해 자국민들의 정신을 깨우고자 온 힘을 다하고 있다. 그리고 단순히 여기에서 그치는 것이 아니라 자국의 문화와 정신을 외국에까지 알리려 애쓰고 있는 이때에 우리는 지금 어디로 가고 있는가를 생각하면 안타까움을 금할 길이 없다.

　작금의 주변 정세를 보면, 세계 최고의 경제대국과 군사대국들이 이 지구상의 유일한 분단국인 대한민국을 둘러싸고 있는 일촉즉발의 위기상황이다. 연일 터져 나오는 북한의 도발과 중국, 일본 그리고 미국의 기(氣) 싸움 속에 자칫 '고래 싸움에 새우등 터지는'격이 되지 않을까 하는 걱정이 앞선다. 그에 비하면 정작 이것을 바라보는 우리는 지금 너무나 무감각해진 것은 아닐까? 오히려 외국인들이 우리에게 괜찮으냐고 물어올 지경이다.

인간의 의식이 높이 진화되지 않는 이상, 이 세상은 강자의 논리에 지배를 받는 약육강식의 전쟁터나 진배없다.

지피지기(知彼知己)면 백전불태(百戰不殆)!

남을 침략하기 위한 것이 아니라 스스로를 지키기 위해서도 자기 자신에 대해 먼저 알아야 한다. 지금 우리가 직면하고 있는 이 위기의 시대에 나는 나에 대해서 얼마나 알고 있는가? 더 나아가 내가 살고 있는 이 대한민국에 대해서 얼마나 알고 있는가? 지금도 끊임없이 계속되고 있는 좌우의 이념 대립과 갈등 속에 정체성의 혼란을 겪고 있는 지금 이 시대야말로 오히려 역사의식과 중심철학을 더욱 공고히 할 시기라고 생각한다.

나는 누구인가? 나의 뿌리는?

필자는 그동안 많은 곳에서 국학(우리나라의 문화 · 역사 · 중심철학)에 대한 강의를 하면서, 강의를 들은 사람들이 짧은 시간임에도 감동을 받으며 때로는 뜨거운 눈물까지 흘리는 것을 보면서 국학에 대한 사명감과 벅찬 감회를 느낀다.

'정말 우리의 문화와 정신이 이렇게 대단한지 몰랐다.' 혹은 '이러한 것이 있는지도 몰랐다.'라고 하면서 '대한민국의 모든 국민들이 이 교육을 받았으면 좋겠다.'고 손을 붙잡고 얘기하는 분들을 만나면서 불타오르는 사명감을 느낄 수밖에 없었다. 그래서 강의를 통해 국학을 전하는 것에 한계가 있음을 알기에, 책을 통해 더 많은 사람들과 만나고자 하는 바람으로 이 글을 쓴다.

충남 천안에 가면 '국학원'이란 곳이 있다. 바른 역사와 문화를 알리는 곳으로, 아이를 가진 부모라면 아이의 손을 붙잡고 한 번쯤 방문해 보았으면 한다.

충남 천안 소재 국학원

목차

chapter

01 국학國學이란 무엇인가? _ 12

chapter

59 _ 한민족, 한겨레 그리고 대한민국 02

chapter

03 태극기太極旗의 철학 _ 75

chapter

87 _ 애국가, 그리고 아리랑에 얽힌 이야기 04

culture

history

philosophy

CHAPTER

01

국학國學이란 무엇인가?

우리 스스로 "자랑스런 반만년의 역사를 가진 단군의 자손"이라고 말은 하고 있지만, 단군을 모시는 제대로 된 사당 하나 찾아볼 수 없고 있는 곳도 가서 보면 조잡하고 초라하기 그지없다.

국학이란?

외래 문화가 섞이기 이전의 한민족의 고유한 사상 · 역사 · 문화 · 철학

– (사)국학원

국학(國學)은 엄밀히 보면 한국학(韓國學)과는 좀 다르다. 한국학은 외부에서 들어와서 우리화 된 사상 · 문화 · 역사 · 철학 · 종교 등을 통칭해서 얘기하고, 국학은 그러한 것들이 들어오기 이전부터 원래 있어 왔던 우리 고유의 사상 · 문화 · 역사 · 철학 · 종교 등을 말한다.

한국학과 국학을 무심코 혼용해서 쓰기도 하지만, 때론 정확한 구분도 필요하다. 이는 외국인들이 우리 한글을 얘기할 때 한국어(韓國語)라고 하지만, 우리가 얘기할 때는 국어(國語)라고 얘기하는 것과 같은 이치이다.

그렇다면 왜 이 시대에 국학을 얘기하는가?

흔히 '강대국'이라 일컬어지는 나라들은 자국민들의 정체성 확립과 국가관을 바로잡기 위해서 끊임없이 국학교육을 한다. 때로는 '국수주의' 혹은 '이기주의'라는 소리까지 들어가면서, 심지어는 자국에 유리한 쪽으로 역사를 왜곡하면서까지 자신들의 국학을 알리고 국민들에게 자부심을 심어 주기 위해 노력한다. 그 이유는 국학이 바로 국력의 원천이기 때문이다.

중국의 국학

국학 교육을 강화하고 있는 주변국 가운데, 먼저 동북공정을 통해 역사왜곡의 기치를 올리고 있는 중국이 있다.

중국에서는 '중화삼조당'이라고 해서 중국을 세운 세 명의 시조를 모시는 사당을 크게 지어 놓았다. 그리고 국학교육 강화의 일환으로 2011년 1월 천안문을 마주 보고 있는 국가박물관 북문 앞에 높이 9.5미터의 청동 공자상을 세웠으며, 전 세계적으로 300개가 넘는 공자학원을 설치해서 외국에까지 자국의 문화와 철학을 알리는 일에 힘쓰고 있다.

또한 중국은 동북공정을 통한 역사왜곡에 이어, 이젠 우리 전통문화까지 자신의 것으로 만들려는 작업을 하고 있다. 한국 전통문화인 태권도 · 농악 · 아리랑 · 널뛰기 등을 중국문화로 전 세계에 알리는 문화동북공정을 하고 있는 것이다. 2009년 유네스코 세계 무형유산위원회가 발표한 '인류무형문화유산 대표목록'에는 중국이 신청한 '중국 조선족 농악무'가 포함되었고, 최근에 펼치는 문화동북공정에는 봉산탈춤, 차전놀이까지 포함되어 있다.

2014년 11월 27일, 프랑스 파리에서 열린 제9차 무형유산위원회 회의에서 우리의 농악이 "Nongak, community band music, dance and rituals in the Republic of Korea"라는 설명과 함께 인류무형유산으로 등재되었는데 정말이지 다행스러운 일이다.

일본의 국학

최근 우경화의 극을 달리고 있는 천황의 나라 일본은 천황제를 국학으로 여긴다. 천황을 신의 반열에 올려놓고 천황을 중심으로 일본인들의 정신을 하나로 모으고자 한 것이다. 1945년 패전 이후 많이 약화되었다고는 하지만 아직까지 천황은 감히 넘볼 수 없는 존재이며, 우리로서는 참 이해하기 어렵지만 일본에서는 천황이 아라히토카미(사람의 모습으로 태어난 신)로 추앙 받고 있다.

2013년 10월에 열린 가을 연회에서 일본의 참의원 무소속 초선의원인 야마모토 타로가 취한 행동이 문제의 발단이 되어 구설수에 올랐다. 그는 천황과 국회의원, 각료 등이 함께하는 연회자리에서, 천황에게 다가가 "아이들과 우리의 미래가 위험합니다. 후쿠시마의 원전사고 수습 작업원은 정말 끔찍한 노동환경 속에서 일하고 있습니다. 이 편지에 그 실상이 쓰여 있으니 읽어 주셨으면 합니다."라고 말하며 전날 자신이 쓴 편지를 건넸고, 천황은 별다른 대답 없이 편지를 받았다. 그러나 단순한 이 일로 인해 야마모토 참의원은 우익과 국민의 엄청난 분노에 직면했고, 일본 정치권은 여야를 막론하고 일제히 '일황의 정치적 이용', '불경죄' 등을 거론하며 "당장 의원직 사퇴감"이라며 거센 비난을 쏟아냈다. 이에 야마모토는 죄송하다고 거듭 사과했지만, 참의원 운영위원회는 이사회를 열고 야마모토 의원의 임기 동안 왕실행사에 참석을 금지하는 처분을 내리고, 참의원 의장은 그에게 엄중 주의를 주었다.

이뿐만이 아니다. 야마모토 참의원은 수많은 살해 위협에 시달리고 있다. 사살하겠다는 내용의 총알이 든 협박편지를 받기도 하고, 칼이 든 편지가 배달되기도 했다. 그리고 극우익 세력들은 '나라의 역적 야마모토', '방사능보다 위험한 야마모토는 의원직에서 물러나라'는 피켓을 들고 시위까지 하는 극단적인 모습을 보였는데, 이는 아직도 천황이 일본 사회에서 어떤 존재인지를 보여 주는 단적인 예이다.

일본에는 약 8만여 개의 신사(神社)가 있다. 신사는 일본이 국교로 내세운 신도(神道)의 사당으로, 일본 황실의 조상이나 국가에 큰 공로가 있는 사람을 신으로 모신 사당을 말한다.

이 중 역대 일황을 모시는 신사는 '신궁(神宮)'이라고 해서 다른 신사보다 높은 격으로 친다. 일본에는 '3대 신궁'이라 불리는 곳이 있는데, 일본 근대화에 큰 영향을 끼친 메이지(明治) 일왕 부부의 덕을 기리고 신으로 모시는 신사인 '메이지 신궁(明治神宮)', 오이타의 '우사신궁(宇佐神宮)' 그리고 미에현 동부 이세에 있는 '이세신궁(伊勢神宮)'이다.

이 중 '이세신궁'은 일왕가문의 조상신인 아마테라스 오오미카미(천조대신, 天照大神)를 모신 신사로, 아마테라스 신은 일본 신화에 나오는 건국 신이다. 신궁의 총면적은 5,500ha로 이세시의 3분의 1을 차지하고 있는데, 여의도 면적의 약 7배에 달하는 엄청난 규모의 신궁이 조성되어 이세시 전역에 걸쳐 있는 셈이다. 정치인들과 서민들이 마음의 안식처로 이곳을 찾고 있으며, 매년 600만 명 이상이 참석해서 참배를 하고 있다.

일본 건국신을 모신 이세신궁

일본 도쿄[東京]의 한가운데인 지요다구(千代田區)황궁 북쪽에는 우리에게도 너무나 잘 알려진 야스쿠니 신사[Yasukuni Shrine, 靖國神社]가 있다. 이 야스쿠니 신사는 일본 전역의 신사(神社) 가운데 가장 큰 규모로, 메이지 유신(明治維新) 직후인 1869년 막부(幕府)군과의 싸움에서 숨진 영혼을 '호국의 신'으로 모시고 제사를 지내기 위해 건립되었다.

야스쿠니 신사의 상징인 흰 비둘기는 평화를 의미하고, 야스쿠니(やすくに)는 '평화로운 나라'라는 뜻을 지니고 있다. 그러나 이와 다르게 야스쿠니 신사는 천황을 위한 명분 없는 침략전쟁을 위해 일본 젊은이들을 내몰았던 일본이 그러한 군국주의를 정당화하기 위한 수단으로 활용되어 왔고, 이것을 위해 신화까지 조작했다.

현재 야스쿠니 신사에는 도조 히데키(東條英機)를 비롯한 A급 전범 14명과 함께 246만여 명의 전몰자가 안치되어 있고, 전쟁과 전투의 의미를 부각시키고 있는 전시물들이 가득해서 전쟁박물관인지 신사인지 구분이 되지 않을 만큼 이중성을 가지고 있는 곳이다.

2014년에는 돌출 행동으로 악명 높은 캐나다 출신의 인기 가수 '저스틴 비버'가 인스타그램에 신사참배 사진을 올려 많은 질타를 받기도 했는데, 1985년에는 나카소네 야스히로(中曽根康弘)가 총리로서는 처음으로 공식 참배하였고, 2001년에는 고이즈미 준이치로[小泉純一郎] 총리가 그리고 2013년에는 아베 총리가 공식참배를 하면서 일본 군국주의의 망령을 부활시키고 있어, 주변국뿐 아니라 국제적인 비난을 받고 있다.

이렇듯 강대국들의 국학은 때로는 이기적이고 국수주의라는 비난을 받기도 한다. 그렇지만 강대국들이 그런 소리를 들으면서까지 자신들만의 국학을 고집하는 이유는 이것이 바로 국력의 근원이기 때문이다.

우리 주변 국가들이 자국민들의 중심을 바로 세우기 위해 없는 역사도 만들어 내는 판국에 우리는 있는 역사도 제대로 밝혀내지 못하고 있는 것이 지금의 답답한 현실이다.

사직공원에 있는 단군 사당

우리 스스로 "자랑스런 반만 년의 역사를 가진 단군의 자손"이라
고 말은 하고 있지만, 단군을 모시는 제대로 된 사당 하나 찾아볼 수
없고 있는 곳도 가서 보면 조잡하고 초라하기 그지 없다. 그마저 찾
는 이들도 거의 없어 무속인들만이 간간히 기복 차원에서 찾을 뿐이
니, 위의 중국이나 일본과는 너무나도 비교된다.

이에 비해 중국 촉나라 장수 관우의 조각상을 두고 제사를 지내
는 사당인 동관왕묘는 단군사당보다 훨씬 웅장하고 클 뿐만 아니라
1963년 에 보물 제142호로 지정되었다. 우리의 시조 단군을 모시는
사당이 중국의 한 장수를 모시는 사당보다 못하니 참으로 안타까운
일이다.

몇 해 전 (사)국학원에서 각급 학교에 교육차원에서 단군상을 건립
했으나 몇몇 과격한 종교인들이 단군상의 목을 자르고 훼손하는 일
이 벌어졌다. 단지 종교상의 이유로 아이들이 공부하는 학교에 있던
단군상을 훼손하는 일이 일어나고 있는 지경이니, 더 말해 무엇 하

숭인동 동묘공원에 있는 동관왕묘(東關王廟)

겠는가? 이는 모두 역사를 제대로 알지 못한 무지의 소치이다.

다행히 국학원에서 33미터짜리 단군상을 건립하고 교육의 장을 만들어서 국민들에게 바른 교육을 하고 있으니, 그나마 다행이라고 할 수 있겠다.

나라도 중심이 되는 철학이 있어야 하는 것과 같이 개인도 자신의 중심철학이 확고히 서 있어야 한다. 그럴 때만이 작은 것에 흔들리지 않고, 자신이 목표한 것을 이루는 성공의 길로 나아갈 수 있기 때문이다.

사람이 살아가면서 가장 중요한 것 중에 하나가 '나는 누구인가?', '나는 무엇을 위해서 살 것인가?'에 대한 정체성의 확립이다. 그래서 외국으로 입양 간 아이들이나 해외교포의 자녀들이 '나는 과연 어느 나라 사람인가?' 하는 정체성의 혼란으로 방황을 겪기도 한다.

특히 자기 자신에 대해서 깊게 고민하는 사춘기 때 이런 부분이 정립되지 않으면 평생 혼란 속에서 살아가기도 한다. 요즘 우리나라에 다문화 가정이 많아지고 있기 때문에 이러한 정체성에 대한 혼란은 점점 더 커지면서 사회 문제로 자리 잡을 가능성이 크다. 이를 해소하기 위해서도 청소년들에게 정체성을 확립시키고 자신만의 중심철학을 세우는 일이 매우 중요하다.

좀 더 넓혀 간다면, 가정에도 가정의 중심이 되는 철학인 가훈이 살아 있어야 건강한 가정이 만들어지고 기업도 설립자의 철학이 살아 있는 기업이 지속 가능한 경영을 해나갈 수 있다. 이와 마찬가지로 나라도 국민들의 마음에 중심철학이 서 있는 나라가 강대국으로 거듭날 수 있다.

중심철학이란?

개인이든 조직이든 나라든 중심이 되는 철학을 중심철학이라고 하는데, 다른 말로 '혼'이라 하기도 하고 '얼'이라 하기도 하며, 때론 '넋'이라고 불리기도 한다. '혼이 빠졌다', '얼이 빠졌다', '넋이 빠졌다' 모두 같은 내용으로 쓰인다.

우리말을 연구해 보면 참 재미있는 내용들이 많이 나온다. 먼저 '얼'에 대해 살펴보면, 얼은 정신을 뜻하기에 군대에서 '얼차려'를 주는 것은 단순히 고통을 주려는 것이 아니고 '바른 정신을 차리라'고 하는 것이다.

```
얼이 썩은 사람      =〉 어리석은 사람
얼이 가 버린 사람    =〉 얼간이
얼이 빠진 사람      =〉 얼 빠진 사람
```

얼굴은 '얼이 들락날락거리는 굴'이라는 뜻이다. 그래서 링컨 대통령은 "사람이 나이 40이 되면 자신 얼굴에 책임을 져야 한다"는 말을 했는데, 그 사람의 살아온 삶과 정신이 얼굴에 나타나기 때문이다.

얼이 작은 사람을 '어린아이', 얼이 큰 사람을 '어른'이라고 한다. 그렇기 때문에 어른이라고 하면 덩치만 커서 육체적으로 성장한 사람만을 뜻하는 것이 아니라 정신적으로 성숙한 사람을 의미한다. 그래서 옛날에는 마을의 정신적인 지주 역할을 하시는 분을 '어르신'이라고 불렀다. 또 조상의 얼을 오늘에 되살려, 민족의 얼, 겨레의 얼이라는 표현도 쓴다.

혼(魂)에 대해서는 아래와 같은 말을 주위에서 자주 접한다.

혼신의 힘을 다한다	혼이 담긴 작품	혼을 담은 시공
혼불	혼백	혼구멍을 낸다
혼비백산하다	혼쭐이 나다	혼을 쏙 빼놓는다
혼이 나가다	나라의 혼	민족 혼

'혼낸다', '혼구멍을 낸다'는 것은 상대의 혼(정신)이 깨어나도록 해 준다는 의미가 있다. 이 말의 의미를 잘 새겨 본다면 윗사람이 아랫사람에게, 부모가 아이에게, 스승이 제자에게 단순히 자신의 감정만을 퍼부을 게 아니라 어떻게 대해야 하는지를 정확히 알 수 있다. 꾸지람을 할 때에도 내가 아닌 상대의 입장에서 어떻게 그 사람의 정신이 깨어날 수 있도록 해 줄 것인가를 고민할 수밖에 없다. 그렇게 된다면 지금 문제가 되고 있는 학교폭력이나, 군 인성 문제도 많

이 해결될 수 있지 않을까? 우리의 말 속에서 옛 선인들의 지혜를 엿볼 수 있는데, 물질 문명이 팽배해 있는 지금 이 시대에 오히려 그들의 지혜가 필요한 듯하다.

'몹시 놀라 정신이 없을 때' 우리는 흔히 혼비백산(魂飛魄散)이라는 말을 쓴다. 여기서 혼(魂)은 정신을 뜻하고 백(魄)은 육체를 뜻하는데, 사람이 죽으면 정신은 날아가고 육체는 땅속으로 흩어져서 사라진다는 말이다.

혼이 몸에서 떠나면 죽음을 맞이한다고 한다. 그래서 사람이 죽으면 그 사람이 입던 저고리를 들고 지붕이나 마당에서 북쪽을 향하여 흔들면서 그 사람의 이름을 세 번 부른다. 흔히 '초혼(招魂)'이라 부르는 이 의식은 사람의 죽음이 곧 '혼의 떠남'이라고 믿기 때문에, 이미 떠난 혼을 불러들여 죽은 이를 다시 살려내려는 간절한 소망을 의미한다.

또 우리 조상들은 정신은 사라지지 않는 것이기에 사람이 이 세상에 온 목적은 "혼(정신, 자아)의 성장과 완성을 위해서"라고 했다.

넋이란 말도 있다. 넋에 대한 국어적 정의를 보면 다음과 같다.

> – 살아 있는 사람의 육신에 깃들어서 생명을 지탱해 주고 있다고 믿어지는 가장 으뜸가는 기(氣).
> – 혼 · 혼령 · 혼백 · 영혼 · 얼 등과 같은 뜻으로 쓰인다.

넋이 팔려 있다, 넋이 빠져 있다, 넋이라도 있고 없고, 넋이 나가다, 넋을 놓다, 넋을 잃다, 선조들의 넋을 기린다, 억울한 넋을 달래다, 장병들의 넋을 위로한다 등 우리는 '넋'이 들어간 단어를 많이 사용한다.

이 가운데 '얼'이나 '혼'은 특히 우리가 많이 쓰고 있는 말인데, 한학자인 위당 정인보 선생은 대한민국의 중심가치를 "조선의 얼"이라고 했고, 독립운동가인 백암 박은식 선생은 대한민국의 중심가치를 "혼"이라 여겨 "국혼(國魂)"이라 불렀다.

위당 정인보(1893. 5. 6~1950. 11)의 얼
독립운동가이자 한학자이며 국학대학 학장을 역임했던 위당 정인보 선생은 단재 신채호 선생의 죽음을 애도하면서 『5천 년간 조선의 얼(조선사 연구)』을 썼는데, 여기에서 "1930년대의 조선학은 국학이 아니라 일본학일 뿐이다."라고 하면서 한국학의 잘못을 강하게 비판하였다.

> 국학(조선학)은 우리의 마음, 즉 실심(實心)에 기초를 둔 학문이어야 하고 남의 마음, 즉 허심(虛心)에 근거한 것은 외국학*이다.
> – 위당 정인보, 『5천 년간 조선의 얼(조선사 연구)』

---

*외국학 : 유학의 고질인 사대주의와 개화기 이후 서학을 맹종하는 식민주의 학문

박은식 선생(1859.9.30~1925.11.1)의 혼

백암 박은식 선생은 1925년 임시정부 제2대 대통령을 역임하셨던 분으로, 안중근 의사의 아버님과도 돈독한 사이였다고 한다. 역사에 관심이 있는 분들이라면 '통사'의 '통'자는 흔히 '통할 통(通)'을 쓴다는 것을 알고 계실 것이다. 그런데 백암 박은식 선생의 『한국통사』에 나오는 통은 '아플 통(痛)'을 쓴다. 한국의 아픈 역사라는 것이다.

그중에 "국혼(國魂)은 살아 있다."는 말이 나온다.

> 국교(國敎) 학학(國學) 국어(國語), 국사(國史)는 국혼(國魂)에 속하는 것
> 이요. 전곡(錢穀) 군대(軍隊) 성지(城池)함선(艦船) 기계(器械) 등은 국백
> (國魄)에 속하는 것으로 국혼(國魂)의 됨됨은 국백(國魄)에 따라서 죽고 사
> 는 것이 아니다. 그러므로 국교(國敎) 국사(國史)가 망하지 아니하면 국혼
> (國魂)은 살아 있으므로 그 나라는 망하지 않는다.
>
> — 백암 박은식, 『한국통사』

혼은 정신을 뜻하고 백은 육체를 뜻하기에, 나라도 육체에 해당하는 총과 칼, 군함, 전투기, 탱크가 없을지라도 정신에 해당하는 역사, 언어, 문화, 철학 등이 남아 있으면 나라는 망하지 않는다는 뜻이다.

요즘같이 장비가 최첨단으로 발달되어 있는 시대에도 군에서는 개개인의 정신력을 가장 큰 전투력으로 보는 것이 그 이유다. 이 부

현충원에 있는 박은식 선생의 묘비글

분은 개인이나 조직이나 나라나 다 마찬가지이다.

요즘 TV에서 인기를 독차지 하고 있는 삼둥이(대한, 민국, 만세)의 할아버지인 김두한*은 거지, 건달로서의 삶을 살아왔다. 그러다가 자신의 아버지가 독립운동에 혁혁한 공을 세운 김좌진 장군이라는 사실을 인지하는 순간, 행동을 바꾸어 국회의원도 하면서 나라를 위한 일을 하기 시작했다. 육체에 해당하는 '백(魄)'은 바뀐 것이 없이 그대로인데 정신인 '혼(魂)'이 바뀌었기 때문에 행동의 변화로 이어졌다고 볼 수 있다.

조직이나 가문도 마찬가지이다. 예로부터 "부자 3대 못 간다."고 하는 말이 있는데, 경주시 교동에는 '12대 만석(萬石), 10대 진사(進士)'로 300년까지 존속한 부자가문이 있으니, 우리가 잘 아는 경주 최 부잣

---

*김두한(1918.5. 15~ 1972.11.21) : 전(前)국회의원, 현(現)국회의원이자 탤런트인 김을동씨가 딸이고, 탤런트인 송일국씨가 손자다. 삼둥이(대한,민국,만세)들의 외증조부

집이다. 여기에도 정확하게 중심 되는 철학과 정신이 살아 있다.

최 부잣집은 "재물은 똥거름과 같아서 한곳에 모아 두면 악취가
나서 견딜 수가 없고 골고루 흩뿌리면 거름이 되는 법이다."라는 가
르침을 바탕으로 육훈과 육연을 가슴에 새겨 베푸는 삶을 실천했다.

경주 최 부잣집 가문의 육훈(六訓)

1. 과거를 보되, 진사 이상은 하지 마라.
2. 재산은 만 석 이상 지니지 마라.
3. 과객을 후하게 대접하라.
4. 흉년기에는 땅을 사지 마라.
5. 며느리들은 시집온 후 3년 동안 무명옷을 입어라.
6. 사방 백 리 안에 굶어 죽는 사람이 없게 하라.

경주 최 부잣집 가문의 육연(六然) −자신을 지키는 지침

1. 자처초연(自處超然): 스스로 초연하게 지낼 것
2. 처인애연(處人靄然): 남에게 온화하게 대할 것
3. 무사징연(無事澄然): 일이 없을 때 마음을 맑게 가질 것
4. 유사참연(有事斬然): 일을 당해서는 용감하게 대처할 것
5. 득의담연(得意澹然): 성공했을 때는 담담하게 행동할 것
6. 실의태연(失意泰然): 실의에 빠졌을 때는 태연히 행동할 것

경주 최 부잣집의 하루 평균 방문객은 100여 명 정도 된다고 한
다. 일단 방문객을 맞이하면 지위고하를 막론하고 그들의 숙박과
식사 모두 무료이며, 갈 때는 양식과 노잣돈까지 주어서 보낸다고
한다. 그리고 방이 없으면 인근 소작농의 집으로 안내하여 쉴 수

있게 해 주었는데, 물론 비용은 최 부잣집에서 소작농들에게 지불한다.

한 해 소비하는 쌀 삼천 석 중 천 석은 손님들에게 제공할 정도로 많이 베풀었기에, 동학혁명으로 다른 부잣집들은 모두 불타고 약탈을 당했는데도 최 부잣집만은 전혀 피해가 없었다고 한다. 게다가 11대손인 최현식은 활빈당에 의해 집이 무너질 위기에 처했으나 그동안 최 부잣집의 도움을 받았던 농민과 거지들이 자발적으로 나서서 활빈당을 물리쳐 주었다고 전해진다.

한일병합 이후, 최 부잣집의 12대손인 최준은 독립자금 마련을 위해 백산무역주식회사를 세워 안희제와 운영하며 임시정부 독립운동 자금줄 역할을 했으며, 해방 후엔 전 재산을 모두 털어 영남대학교와 계림학숙을 세웠다. 나중에 영남대학교에 전 재산을 기부함으로써 최 부잣집은 12대 300년의 역사를 이어 오다 막을 내렸는데, 진정으로 대한민국에 노블레스 오블리주를 실천한 가문이라 할 수 있겠다.

가문뿐 아니라 기업도 마찬가지인데, 현대의 신화를 이룬 정주영 회장과 오늘날의 포스코를 있게 한 박태준 회장의 얘기를 들어보면 잘 알 수 있다.

"사람이 태어나서 각자 나름대로 많은 일을 하다가 죽지만, 조국과 민족을 위해 일하는 것만큼 숭고하고 가치 있는 것은 없다."

박태준 포스코 명예회장은 제철 불모지인 이 땅에 포항제철을 건설하면서 "이 제철소는 식민지배에 대한 보상금으로 받은 조상의 혈

세로 짓는 것이니 만일 실패하면 바로 우향우 해서 영일만 바다에 빠져 죽겠다는 각오로 일해야 한다."라고 직원들을 독려했다. 이것이 바로 포스코 직원들에게 전해 내려오는 '우향우 정신'이다.

정주영 회장

그는 노동자로써 온갖 험한 일을 하면서 자식을 키운 아버지의 임종(臨終) 마저 지키지 못했는데, 유력한 일본 총리 후보와의 저녁 약속을 깰 수 없었기 때문이다. 그만큼 절박하게

박태준 회장

일본의 도움에 목맬 수 밖에 없었던 것이 당시 배고프고 가난한 조국의 현실이었다. 박태준 회장은 다음날 "울지 마라 열심히 살고 간다"는 아버지의 유언을 전해 들었다.

박태준 회장은 퇴직할 때 포스코 주식을 하나도 받지 않았고 돌아가실 때도 개인 명의로 남긴 재산은 전혀 없었다고 한다. 그러면서 임종 시 임직원들에게는 "애국심을 가지고 일해 줄 것"을 당부하면서, "포스코가 국가경제 동력으로 성장한 것에 대해 만족스럽게 생각한다. 더 크게 성장해 세계 최고가 되길 바란다."는 유언을 남겼다. 마지막 죽음의 순간까지 오직 나라와 민족을 생각하는 분이었다.

『태백산맥』, 『정글만리』의 저자인 조정래씨가 가장 존경하는 기업인 중 한 명이다. 그래서 조정래씨는 박태준 회장이 돌아가셨을 때 묘비의 비문을 직접 쓰고, 조사(弔詞)*에서 그를 일컬어 '한국경제의 아버지'라고 칭송했다.

정주영 회장이나 박태준 회장 같은 분들은 가난한 이 땅의 국민들을 위하고 발전된 조국을 만들고자 오직 한 뜻으로 달려왔기에 세상에서 가장 가난한 나라에서 기적과 같이 세계적인 기업을 일구어 낼 수 있었다. 이렇듯 개인이나 조직도 중심철학이 있을 때 달라지는데 나라는 더 말할 것도 없다.

우리 대한민국의 과거 근대사를 돌아보면 1910년은 우리나라가 일본에 병합 당한 경술국치의 해이다. 당시 발표된 〈대한제국 합병 조약문〉을 보면,

- 한국 전체에 관한 일제의 통치권을 완전하면서도 영구히 일본국 황제폐하에게 양여한다.
- 전체 한국을 일본제국에 병합하는 것을 승낙한다.

라고 적혀있다. 말 그대로 나라를 들어서 일본에 바친 것이다.
그러나 우리민족의 정신(혼)이 살아 있었기에 36년 동안 일본으로부터 온갖 핍박을 받았음에도 불구하고 1945년 광복의 기쁨을 맞이

---

*조사(弔詞) : 죽은 이를 슬퍼하여 조상(弔喪)의 뜻을 나타낸 글

할 수 있었다.

그런데 우리보다 더한 나라가 있다. 바로 2,000년 동안 떠돌다가 나라를 다시 세운 유대인이다. 더 정확하게 말하면 서기 70년에 나라를 잃고 1900년 동안 방랑하다가 우리나라 광복 3년 후인 1948년에 이스라엘을 건국했다. 이 유대인들의 저력이 대단한데, '유대민족의 힘의 원천은 어디인가?'에 대해서 한번 연구해 볼 충분한 가치가 있다.

SBS가 방영한 다큐멘터리의 한 장면

유대인들의 국학

세계 곳곳에 흩어진 유대인 수는 1,400만여 명 정도로 우리나라 남한 인구의 3분의 1 수준이다. 전 세계 71억 인구 중 0.2%로, 말 그대로 아주 미미한 존재일 뿐이지만 그 영향력은 실로 어마어마하다.

"세계를 움직이는 나라는 미국이지만 그 미국을 움직이는 민족은 유대인이다."라는 말이 있듯이, 세계 최강국인 미국을 실질적으로 움직이는 민족이 유대인이라 해도 과언이 아니다. 실제로 미국 내 유대인은 560만여 명으로 미국 인구의 2%가 채 안 되지만, 국내 총생산에서 차지하는 비중은 무려 15%에 달한다.

역대 노벨상 수상자 가운데 유대인의 비율은 약 22%에 이른다. 하버드 대학교 재학생의 30%, 예일 대학교의 28%, 보스턴 대학교의 24%가 유대인이며, 미국 100대 기업 중 3분의 1 이상이 유대인 소유다.

이름만으로도 쟁쟁한 조지 소로스, 스타벅스의 창업자 하워드 슐츠, 인텔 창업자 엔디 글로브, 블룸버그 통신 창업자인 마이클 블룸버그, 페이스북의 창업자이자 20대 세계최고의 부자인 마크 저커버그 등이 유대인 기업가다.

워너브라더스, 파라마운트, 20세기 폭스, 유니버설 스튜디오도 모두 유대인이 설립했고, NBC, ABC, CBS-TV와 LA 타임스, 뉴욕타임스, 뉴스위크, 월스트리트 저널도 유대인이 소유하고 있거나 설립자다.

말 그대로 정치와 경제, 금융 그리고 언론을 꽉 잡고 있다. 그래서 미국정가에는 '꿈속에서라도 유대인 욕을 하지 말라.'는 말이 떠돌고 있다고 한다.

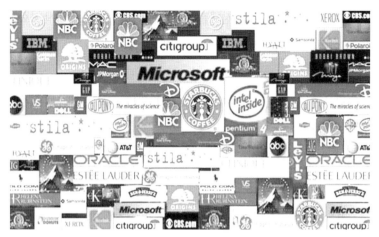
유대인이 설립했거나 주인인 기업 로고들

그렇다면 이러한 유대인의 힘은 어디서 나오는 것일까?

유대인들은 모계 혈통이라 유대인 남자와 다른 민족의 여자 사이에 태어난 아이는 유대인이 안 될 수도 있지만, 유대인 여자와 다른 민족의 남자 사이에 태어난 아이는 피부색과 인종에 상관없이 유대인이 된다.

유대인들이 성공할 수 있었던 이면에는 그들의 교육을 담당했던 어머니들이 있었다. 우리가 익히 알고 있듯이 유대인들의 어머니 교육은 유명한데, 그 어머니들이 가장 중요시했던 것이 바로 자국의 사상 · 문화 · 역사 · 철학, 즉 국학이다.

1. 철학 – 『탈무드』, 『토라』, 민족 경전
2. 역사 – 영광과 수난의 역사, 정체성
3. 문화 – 전통 문화 생활 고수

그리고 "너희는 하늘의 선택을 받은 사람"이라는 선민 사상(시오니즘)을 아이들에게 끊임없이 교육해 왔던 것이다.

그렇다면 유대인들의 어머니가 교육해 왔던 국학이 왜 그토록 중요한 것인가?

우리나라에서도 문화 · 역사 · 철학 교육의 중요성은 요즘 다시 부각되고 있는데, 이것을 통칭해서 '인문학(人文學)'이라고 하기도 한다. 요즘 리더들과 CEO들 사이에 인문학 열풍이 불고 있다. 왜냐하면 리더십이든 경영이든 결국 사람을 상대하는 것이기에 사람의 근본을 다루는 학문인 인문학을 제외할 수 없기 때문이다.

이 인문학을 대표하는 학문이 바로 '문사철(文史哲)'이다. 『조선왕조실록 500년』의 저자인 신봉승 교수는 〈문사철 600〉을 얘기하는데, "문학서적 300권, 역사서적 200권, 그리고 철학서적 100권 해서 총 600권은 읽어야 지성인이다."라고 주장한다.

문학을 공부하게 되면 사람이 정서적으로 성숙해지고, 역사를 공부하다 보면 미래를 예측할 수 있는 힘이 생긴다. 역사는 반복되기 때문이다. 그리고 철학을 공부하다 보면 삶에 대한 깊은 통찰력이 생긴다.

필자는 원래 인문학의 중요성에 대해서는 전부터 알고 있었지만, 베스트셀러 『꿈꾸는 다락방』의 저자인 이지성 작가의 『리딩으로 리더하라』라는 책을 통해 더 확신하게 되었다. 이 책에는 인문학과 고전의 중요성이 무척이나 잘 설명되어 있다.

이 인문학이라고 하는 학문들은 짧게는 100~200년, 길게는 1,000~2,000년을 내려온 책들이다. 그렇다면 이 책을 쓴 사람들은 거의 천재들이라는 얘기다. 그래서 이 책들이 좀 어렵기는 하지만, 계속 파고들다 보면 어느새 뇌가 깨인다는 것이다. 참 일리가 있는 얘기인데, 얼마 전에 뇌과학에서 발표한 내용에 따르면 명화(名畵)를 보다 보면 그 그림을 보는 사람의 뇌구조가 그 그림을 그린 사람의 뇌구조와 닮아 간다고 한다. 이것을 보면 왜 맹자의 어머니가 맹자의 교육을 위해 세 번이나 이사를 했는지(孟母三遷之敎), 혹은 좋은 환경을 아이들에게 보여 주는 것이 얼마나 중요한지를 알 것이다.

그런데 요즘 현대인들이 생각을 깊이 하지 않는다는 것이 문제점으로 떠오르고 있다. 니콜라스 카의 『생각하지 않는 사람들』이란 책에서도 이러한 문제점을 다루고 있다. 요즘 사람들이 각종 매체들(TV, 인터넷, 스마트폰 등)의 발달로 인해 생각을 깊이 하지 않는다는 것인데, 궁금한 게 있으면 고민하고 생각해 볼 필요 없이 바로 인터넷이나 스마트폰을 찾아보기 때문이다. 이 때문에 현대인들의 뇌(특히 생각을 담당하는 신피질 부위, neocortex)의 두께가 점점 얇아지고 집중력이 약해진다는 것이다.

우리 스스로를 돌아봐도 핸드폰이 생기면서 전화번호를 기억하지 못하고, 네비게이션이 생기면서 길을 기억하지 못한다. 필자 역시 얼마 전에 지하철에서 스마트폰을 잃어버리고 난 후, 막상 어디에

연락을 해 보려고 해도 생각나는 전화번호가 하나도 없어서 난감한 적이 있었다.

현재 대한민국 교육의 문제점도 여기에서 찾을 수 있다. 학교라는 것이 처음 생긴 것은 독일이다. 독일에서 농사만 짓던 사람들을 빠르게 노동자와 군인으로 만들려는 훈련기관이 바로 학교였다. 이 학교가 일본으로 갔다가 바로 우리나라로 넘어온 것이다. 그러다 보니 학생들이 학교에서 공부하는 것이 생각하는 법을 배우기보다는 일종의 훈련법만 배우는 형태가 되어 버렸다. 바로 이것이 지금 학교 교육의 문제점이다. 깊이 생각하는 교육이 아닌 주입식 교육을 하다 보니, 창의성에 심각한 문제가 생기는 것이다.

오히려 한때 선진학습법의 수출국이었던 독일은 새로운 교육방법을 선택하고 있다. 왜냐하면 독일의 주입식 교육의 결과로 나온 것이 1·2차 세계 대전이며, 대표적인 인물이 바로 '아돌프 히틀러'와 그의 추종자들이기 때문이다. 독일도 이러한 사실을 잘 알기에 이에 대한 통렬한 반성으로 교육방식을 바꾸었다.

'OECD 주도 국가 국제학업성취도평가 중하위권'을 달리는 공부 못하는 나라의 대명사가 독일이다. 초등학교에 들어가면 알파벳을 배우고 몇 가지 단어를 익히는데 1년이나 걸리고, 덧셈·뺄셈을 익히는데 1년이 걸린다. 선행학습도 없고, 얼마가 걸리든 스스로 답을 찾아낼 때까지 어른들은 그냥 지켜볼 뿐이다. 그러나 자전거 운전면허와 수영 인명구조 자격증은 필수로 하고 있는데, 지식만큼 중요한

게 안전과 여가라고 여기기 때문이다. 독일의 교육 목표는 인간으로서 행복한 삶을 살도록 하는 것이다.

'1등 다툼은 필요 없다', '꼴찌도 행복한 교실'

많은 시행착오를 거친 독일은 함께 잘 사는 법을 가르치는 것이 결국 경쟁력 있는 교육이라는 것을 알았기 때문에 모두의 깊이 있는 사고를 원하는 경쟁 없는 학교를 만들어 가고 있다. 그러나 그러한 교육의 결과는 매우 놀랍다. 독일은 국가 경쟁력 세계 5위이며, 지금 추락하고 있는 유럽의 위상에도 끄떡 없이 홀로 성장하고 있는 국가이다.

이렇듯 처음 학교를 만든 독일도 그 문제점을 파악하고 교육방식을 바꾸고 있는데, 우리는 아직도 생각하는 교육이 아닌 구시대적인 주입식 교육에 연연하고 있다. 우리도 학생과 부모 모두가 행복하지 않은 이러한 교육방식에서 탈피해야 한다. 그러기 위해서는 의식이 깨어 있고 중심이 바로 서 있는 부모, 생각 없이 남들이 하니까 그냥 따라가는 부모가 아닌 생각하는 부모, 통찰력 있는 부모가 되어야 할 것이다. 부모가 아이의 스승이 되어야 하지 않을까?

이 세상을 이끌어 가는 리더라고 불리는 이들을 살펴보면 스스로 생각하고 깨우치게 만드는 인문학과 고전 공부를 끊임없이 해 왔고 이것을 통해 통찰력을 키워 왔다는 사실을 알 수 있다.

나라를 이끌어 가는 대통령이나 수상들이 노벨상을 받는 경우가 종종 있다. 가까운 예로 얼마 전에 타계한 넬슨 만델라 전 남아공 대통령, 미국의 오바마 대통령, 그리고 우리나라에는 김대중 대통령이 노벨상을 받았는데, 이분들이 받은 노벨상은 모두 노벨 평화상이다.

그런데 영국의 처칠 수상만이 유일하게 다른 노벨상을 받았다. 바로 노벨 문학상이다. 특이한 경력인데 처칠의 연설문을 보면 탁월한 문장들을 엿볼 수 있다. 처칠은 1954년『제2차 세계 대전 회고록』이란 수필로 노벨 문학상을 받았는데, 이 계기가 된 것이 인도에서 5년간 군생활을 하면서 읽은 에드워드 기번의『로마제국 쇠망사(The History of the Decline and Fall of the Roman Empire)』로부터 받은 영향이라고 한다. 이 책이 단순히 로마의 역사일 뿐 아니라 아주 문학적 가치가 높은 아름다운 문장으로 쓰여져 있기에 이 책을 공부하면서 문학적 감성을 높이는 계기가 되었다고 전해져 온다.

인도의 첫 총리 자와할랄 네루는 1930년부터 3년간 옥중에 있으면서 혼자 있는 딸을 위해 196통의 역사편지를 보냈다. 아버지의 사랑이 담긴 이 편지를 통해 세상을 보는 깊이 있는 안목을 갖게 된 딸 인디라 간디는 아버지에 이어 1966년, 인도 최초 여성총리에 오르고 두 차례에 걸쳐 총리를 역임한다. 그리고 이어서 첫째 아들 라지브 간디가 총리의 자리에 오르면서 삼대가 인도 총리를 역임했는데, 특히 17년간 인도 총리를 역임한 인디라 간디는 BBC 방송이 발표한 설문조사에서 '지난 천년 간 가장 위대한 여성 1위'로 뽑히는 영예를 안았다.

그 이면에는 자신과 아내까지 투옥된 상태에서 혼자 자라고 있는 13살짜리 외동딸(인디라 간디)의 불안정한 교육환경을 염려하는 아버지(자와할랄 네루)의 사랑을 담은 196통의 편지가 있었다. 네루 역시 감옥에서 복역 중에 기번의 『로마제국 쇠망사』를 탐독하면서 여기에서 나온 지혜로 역사편지를 썼다고 알려져 있는데, 여기에는 세상에 눈을 뜨고 올바른 시각을 가진 딸로 만들고 싶었던 아버지의 사랑이 들어 있었다. 이 역사편지는 현재 『세계사 편력(Glimpses of World History)』이라는 책으로 출간되어 있다.

독일의 역사가 몸젠과 함께 로마사 연구의 최고봉으로 불리는 기번의 『로마제국 쇠망사』는 구한말 최고의 천재 사학자 단재 신채호 선생이 읽었으며, 포리스트 카터가 쓴 『내 영혼이 따뜻했던 날들(The education of Little Tree)』에도 나온다. 이렇듯 훌륭한 한 권의 인문학서적은 세기를 뛰어넘어 많은 이들에게 영향을 끼친다.

물론 이 책이 두껍기는 하다. 600~700페이지 정도 되는 책이 무려 6권이나 되니 말이다. 나 역시 한 번 읽는데 6개월 이상이 소요된 책이다. 이 책을 읽으면서 한 번 읽기에도 힘든 이 책을 기번은 어떻게 썼을까? 생각하면 감탄을 금할 수가 없다. 당연히 한 번 읽어서 될 책은 아니기에 새롭게 읽고 있는 중이다.

이는 경제학 분야에서도 마찬가지인데, 이지성 작가는 이렇게 말한다.

페이스북을 만들어 현재 전 세계 20대(代) 가운데 최고 부자가 된 마크 저커 버그는 명문사립 필립스 액시터 아카데미를 나왔습니다. 미국 리더의 4분의 1을 배출한 이 학교는 졸업식에서 10명의 학생에게 월계관을 씌워줍니다. 고대 그리스·라틴어로 된 인문 고전을 읽고 대학생급의 논문을 쓴 학생들에게 주는 명예지요. 플라톤을 읽는 게 취미인 마크 저커버그는 지금도 수시로 모교를 찾아 '인문 고전을 읽은 덕택에 페이스북을 만들 수 있었다.'고 말합니다.

일본 소프트뱅크 손정의 대표는 손자병법을 탐구한 뒤 자기 나름의 경영기법을 창안, 일본 최고의 경영자가 되었다고 하며 "27세의 손정의가 세상 보는 눈을 갖게 된 것은 중국 춘추전국시대의 전략가 손자(孫子)의 어깨 위에 올라 타 세상을 바라보았기에 가능했습니다."라고 이야기한다.

그리고 톰 모리스는 『아리스토텔레스가 GM을 경영한다면』에서 "플라톤과 아리스토텔레스 시대부터 현재까지 이르는 수 세기 동안 많은 철학자들은 우리가 비즈니스와 삶에 평생 적용할 수 있는 통찰력이라는 부를 꺼내 쓸 수 있는 지혜의 거대한 은행 계좌를 남겨 주었다. 우리는 이러한 지적 자본을 우리의 경력과 경험에 대입시킬 수 있고, 그 결과로 새로운 지혜라는 엄청난 보상을 받을 수도 있다. 따라서 만약 우리가 역사상 위대한 철학자들을 우리 사고의 안내자로 삼아 스스로가 그들과 같은 철학자로 변모한다면 사업과 가정, 삶에 탁월한 능력을 발휘할 수 있을 것이며, 번영과 화목, 만족스러운 성공을 이룰 수 있을 것이다."라고 말한다.

세계 최고의 비보이팀 '갬블러'의 리더인 장경호는 신동아와의 인터뷰에서 "아리스토텔레스의 『형이상학』같이 두껍고 어려운 책을 왜 읽느냐?"는 질문에 "책을 읽으니 닫혀 있던 뇌가 터지는 기분이 들던데요?"라고 대답한다.

요즘 '창조경제', '인문경영'이 화두로 등장했다. '창의', '창조' 라고 하면 빼놓을 수 없는 이가 바로 스티브 잡스다. 잡스는 1970년대 말에 개인용 컴퓨터를 보급함으로써 PC 시대를 연 장본인이기도 하며, 2000년대에는 스마트폰과 태블릿 PC를 선 보임으로써 포스트 PC 시대를 열기도 하였다. 하지만 잡스의 진정한 업적은 IT와 인문학 그리고 예술이라는 서로 다른 분야를 융합하는데 성공했다는 점이다. 그가 선보인 제품들은 세련된 외관에 뛰어난 그래픽 성능, 사용자에게 편리한 사용 환경 등을 갖추고 있다. 인간성과 기술의 융합으로 소비자의 눈에 애플의 제품들이 돋보이도록 한 것이다. 그래서 "삼성의 제품은 세계인들이 좋아한다. 그런데 애플의 제품은 사랑한다."는 말이 나오나 보다

혁신의 아이콘으로 일컬어지는 스티브 잡스는 아이비리그 대학은 아니지만 명문으로 꼽히는 미국 오리건주에 위치한 리드 대학을 중퇴했는데, 이 대학에서는 졸업 전에 100권의 인문 고전을 필수적으로 읽히고 있다.

스티브 잡스가 2001년 뉴스위크와의 인터뷰에서 말한 이 한마디는 우리에게 인문학의 중요성을 다시 한 번 일깨워 준다.

소크라테스와 점심을 함께할 수 있다면, 애플을 다 주어도 여한이 없다.

성공한 많은 이들이 인문학과 고전읽기의 중요성을 언급하면서부터 인문적 상상력이 재조명되기 시작했고, 기업 경영자들 간에 인문학 강의 듣기가 유행하기 시작했다.

그렇다면 왜 창조경제의 화두에 인문학이 등장하는가? 인쇄술을 발명한 구텐베르크의 말에서 그 해답을 찾을 수 있는데, 바로 "하늘 아래 새로운 것은 없다."는 말이다. 빌 게이츠 역시 "하늘아래 새로운 것은 없다. 다만 새로운 조합이 있을 뿐이다."라고 했다. 요즘은 '창조', '창의'가 기업의 핵심이 될 만큼 중요한 시기이다. 그런데 창의, 창조라는 것이 아무것도 없는 곳에서 무얼 만들어 내는 것이 아니라, 기존의 것을 어떻게 잘 조합하느냐의 문제라는 것이다. 이렇게 보면 "기존의 사실을 그냥 늘어놓는 사람은 범재이고 그 사실을 조리 있게 잘 조합해서 정리하는 사람이 천재"라는 말이 상당히 설득력 있어 보인다. 우리 옛말에도 "구슬이 서 말이라도 꿰어야 보배다"라는 말이 있지 않은가? 우리 일상에서 빠져서는 안 되는 스마트폰도 대단한 혁신이긴 하지만 따지고 보면 기존에 있던 MP3와 핸드폰 그리고 컴퓨터의 조합품이다. 기존의 것을 잘 융합했기에 세상을 뒤흔들 만한 새로운 제품이 탄생한 것이다.

대한민국의 대표적인 광고인 중에 박웅현 씨가 있다. 현재는 TBWA Korea의 전문임원으로 활동하고 있는데, 이 사람의 이름은 모르는 분들이 있더라도 이 사람의 광고를 들어 보지 못한 한국인은 거의 없을 것이다.

박웅현씨가 만든 광고 중 유명한 카피에는 '넥타이와 청바지는 평등하다'는 카피가 있다. 이 광고는 처음에는 광고주한테 '우리가 통신회사지, 무슨 청바지 회사냐?'라고 엄청 욕먹었던 광고라고 한다. 한때 연인들 사이에 유행이었던 '잘 자, 내 꿈 꿔!', 그리고 지금도 많이 쓰이는 '나이는 숫자에 불과하다', 도 박웅현 씨의 작품이다.

아래의 광고카피는 광고라기보다는 오히려 한 편의 시에 가깝다.

> 사람을 향합니다
> 왜 넘어진 아이는 일으켜 세우십니까?
> 왜 날아가는 풍선은 잡아 주십니까?
> 왜 흩어진 과일은 주워 주십니까?
> 왜 손수레는 밀어 주십니까?
> 왜 가던 길을 되돌아가십니까?
> 사람 안에는 사람이 있습니다.
> 사람을 향합니다.

이 밖에도 '생각이 에너지다', '차이는 인정한다. 차별엔 도전한다', '그녀의 자전거가 내 가슴에 들어왔다', '2등은 아무도 기억하지 않는다', '진심이 짓는다, 이(e) 편한 세상', '현대생활백서' 등등 한 번쯤은 들어 봤음 직한 광고들이 모두 그의 작품이다.

후배들이 박웅현씨에게 "선배님, 어떻게 하면 광고를 잘 할 수 있습니까?"라고 질문을 했을 때, 그가 한마디로 "인문학을 공부해라."

라고 했다는 말은 유명하다. 그래서 쓴 책이『인문학으로 광고하다』
라는 책이다. 이 책 내용 중에도 살짝 언급되고 있는 어느 한 초등학
교 교실의 풍경을 소개하면

선생님이 학생들에게 이렇게 묻는다.
"얼음이 녹으면 어떻게 되나요?"

한 학생이 대답한다. "얼음물이 되요."
다른 학생이 대답한다. "그냥 물이 되죠."
그런데 생각이 다른 학생은 이렇게 대답한다. "봄이 와요!"

정말 머리를 '탁'치게 만드는 생각의 차이가 있는 대답이다.

이렇듯 창조와 창의에는 인문학이 필수적인 한 부분이기도 하다.
사고의 폭을 넓히고 통찰력을 기르기 때문이다. 이러한 인문학의 중
요성에 대해서는 너무도 잘 알려져 있으며 전문가들도 많고 광대한
부분이기 때문에 이 정도로 하고, 이 중에서도 대한민국의 인문학인
국학에 관해서 얘기하고자 한다. 유대인들의 저력이 가장 정신이 맑
은 오전 시간에 자국의 문화 · 역사 · 철학을 가르쳤던 국학에서 비
롯되었던 것으로 짐작하기 때문이다.

이제 대한민국의 지금 현실을 한번 되돌아보자.

대한민국은 50년 전만 해도 세상에서 가장 가난한 국가 중의 하나
였다. 당시 유엔에 등록된 나라는 모두 120여 개국이었는데, 태국
의 국민소득이 220달러, 필리핀이 170달러인데 비해서 우리나라 국

민소득은 고작 76달러에 지나지 않았다. 그 당시 인도 다음으로 못 사는 나라가 바로 대한민국이었다. 그래서 우리가 원하는 것은 딱 한가지 어떻게든 잘살아 보는 것이었고, 이 가난이 우리의 자식들에게는 대물림 되지 않기만을 간절히 바랐던 시절이었다.

1963년 2월 1일에 개관한 장충체육관은 지금은 무한도전을 한 장소로 알려져 있지만, 그 옛날 박치기 왕 김일의 프로레슬링, 그리고 복서 김기수, 염동균 등 권투로 서민들의 시름을 달래던 장소다. 장충체육관을 지을 때 우리 능력이 부족해서 필리핀의 선진 기술자를 불러서 지은 사실은 잘 알려져 있다. 그 당시 한국 GDP는 87달러, 필리핀은 220달러 이던 시절이라 돔 형태의 실내체육관을 지을 기술도, 자금도 부족했던 우리나라로서는 어쩔 수 없는 현실이었다.

장충체육관이 개관할 당시 실내에 샤워장과 화장실이 있는 것을 처음 본 우리 국민들에게는 신선한 충격으로 다가왔고, 냉난방 시스템이 된다고 해서 전국에서 구경꾼들이 모이기도 했었다. 그 당시 박정희 대통령이 우리나라가 필리핀만큼만 살아도 소원이 없겠다고 하던 시절이었다.

필자 역시 어릴 때 기억나는 것 중에 하나가 아버지께서 식사를 하실 때 꼭 한 숟가락씩 남기던 기억이다. 어머니가 그렇게 잔소리를 해도 늘 딱 한 숟가락 분량만 남기셨다. 그 이유를 나는 시간이 지난 후에야 알게 되었는데, 아버지도 그 아버지, 즉 나의 할아버지에게 물려받은 습관이었던 것이다.

그 옛날 먹을 것이 부족하던 시절에 부엌에서 식사준비를 하는 며느리는 늘 고민이었다. 밥 양은 부족한데 식구들은 많다 보니 겪을 수밖에 없는 문제였다. 그래서 적은 밥을 이리저리 나누다 보면 결국 나중에는 며느리 자신이 먹을 밥이 없으니, 식구들이 먹다 남긴 것을 가지고 배를 채울 수밖에 없었고, 그마저도 없으면 배를 곯기 일쑤였다.

그런데 며느리의 그러한 사정을 아는 시아버지가 항상 자기 밥의 일정량을 며느리가 먹을 수 있도록 남겼던 것이었다. 어릴 때부터 이 모습을 봐 왔던 아버지는 밥 양에 상관없이, 며느리가 있든 없든 남기는 습관이 생겼던 것이다. 지금은 상상할 수도 없는 일이지만, 그때만 해도 그것이 며느리를 안타까워하던 시아버지의 큰 사랑의 표현이었다.

그런 시절이 있었는데, 지금의 대한민국은 50년 만에 세계 13위 경제 대국이 되었고, 브랜드 가치가 무려 세계 10위로 껑충 뛰어 올랐다. 50년 전만 해도 상상할 수 없는 일이었다. 그러다 보니 전 세계 경제학자들이 대한민국을 경이로운 시선으로 바라보고 있다.

근현대사를 통틀어 가장 빠른 시간 안에 가장 완벽하게 산업화와 민주화를 동시에 이룩한 나라가 대한민국이다.

— 하버드 경영대학원

과거를 떠나 근대사를 보더라도 우리는 1910년에 일본에 의해 치욕적인 경술국치를 당했지만 36년 만인 1945년, 꿈에 그리던 광복을 맞이한다. 그래서 이제는 좀 살아 볼까 했는데, 5년 뒤에 바로 6·25전쟁이라는 동족 상잔의 비극을 겪는다. 미처 일어서기도 전에 다시 한 번 주저앉을 수밖에 없었다. 이 전쟁으로 인해 남과 북 모두 합하여 250만 명이 사망하였고, 80%의 산업시설과 공공시설과 교통시설이 파괴되었다. 그리고 정부 건물의 4분의 3이 파괴되거나 손상되었으며, 가옥의 절반이 파괴되거나 손상되었다.

한국전쟁의 시기에 이어령 교수님의 경험담이 당시 상황을 조금이나마 짐작하게 해 준다. 한 어머니가 갑자기 총소리가 들리기에 숨으면서 놀라 등에 진 것으로 총알을 막고 다행이 살았는데, 나중에 보니 총알을 막은 것이 업고 있던 자신의 아이였다는 것이다. 자신이 살기 위해 자신도 모르게 아이를 방패로 삼았던 이 어머니가 이후 삶을 제대로 살 수 있었겠는가? 이러한 비극이 일어났던 것이 6·25전쟁이었다. 다시는 일어나지 말아야 할 비극이다.

그러한 폐허 속에서도 우리는 다시 일어나 한강의 기적을 만들었다.

반도체 세계 1위
연간 자동차 생산 대수 세계 5위
휴대폰 생산량 세계 1위
조선 세계 1위(1~5위 모두 대한민국)
인터넷 속도 세계 1위

5천만 기준으로 전세계에서 국토 면적은 109위, 인구는 26위인 대한민국이 단기간에 올린 성과 치고는 놀랍다. 그러다 보니 '경영학계의 구루'라 불리는 피터 드러커는 "대한민국이 기업가 정신이 1등인 나라"라고 칭송을 한다. 산업화 속도를 보면 이렇게 잘 살기까지 유럽이 260년, 일본이 160년인데 비해 한국은 40년밖에 걸리지 않았기 때문이다.

그렇다면 대한민국이 이처럼 단시일에 압축성장을 이룬 이면에 작용한 것이 뭘까? 이에 대해 혹자는 '한국인의 빨리빨리 정신'이라고 한다. 우스갯소리이기는 하지만, 그냥 웃어넘길 수만은 없는 한국인들의 빨리빨리 정신을 보여 주는 얘기가 있다.

> 편의점에서 음료수를 마시면서 계산한다.
> 3초 이상 열리지 않는 웹사이트는 바로 닫아 버린다.
> 영화관에서 스크롤 올라가기 전에 모두 우르르 나간다.
> 엘리베이터 문이 닫힐 때까지 '닫힘' 버튼을 계속 누른다.
> 자판기 종이컵 나오는 곳에 손을 넣고 기다린다.

들고 나니 공감이 가지 않는가? 이런 정신 때문에 전 세계 사람들이 깜짝 놀랄 만한 압축성장을 이루어 낼 수 있었다. 그런데 그에 따른 부작용도 절대 무시할 수 없다.

대한민국이 세계 1위 하는 다른 항목들을 살펴보자.

40대 남성 사망률, 자살 사망률, 이혼증가율, 저출산 및 낙태율, 흡연율, 게다가 청소년 흡연율까지 세계 1위이다.

2013년 기준으로 대한민국에서 자살하는 숫자는 하루에 무려 40명이 넘는다. 이는 30분마다 한 명씩 자살하고 있다는 것인데 지금 이 순간에도 어디선가 누군가는 자살로써 삶을 마감하고 있다는 얘기다. 그러다 보니 대한민국은 지금 자살 공화국이란 오명을 얻게 됐다.

5년간 항우울제 소비량이 52% 증가했으며, 부패지수 39위, 공교육의 질 43위, 노사 경쟁력이 53위를 차지하고 있다.

그러나 그보다 더 큰 문제점은 바로 대한민국의 행복도 이다.

2014년 한국의 행복도는 41위를 차지했다. 재작년 101위, 작년 68위에 비하면 많이 나아지긴 했지만, 그래도 경제가 10위권인 것에 비하면 많이 아쉽다. 이보다 더 큰 문제는 우리 청소년들의 행복도가 OECD 23개국 중에 꼴찌라는 것이며, 청소년 자살률이 1위라는 점이다.

어쩌면 당연한 일일 수도 있겠다. 우리의 선배들은 잘 살아야 한다는 그리고 이 가난을 대물림 해서는 안 되겠다는 일념 하나만으로 앞만 보고 달려 왔다. 그 결과 경제적인 부분은 해결이 되었지만, 돌아보니 풀어야 할 이런 숙제들이 너무나 많다. 그렇다면 지금 이 순간에 우리가 무언가를 해결해야만 우리뿐만 아니라 우리의 아이들이 더 좋은 세상에서, 더 행복한 세상에서 살 수 있지 않을까?

지금 그 문제를 당장 해결할 수는 없을지라도 문제 해결의 팁이라도 얻어 보자는 것이 이 책을 쓴 이유이다.

한국에는 고유의 문화가 없다. 있다면 중국이나 일본의 아류 문화가 있을 뿐이다.

　미국 및 유럽의 중고등학교 역사 교과서에 이 같은 문장이 나온다고 한다. 이것이 과연 사실인가? 사실이 아니라면, 여러분은 외국인에게 왜 우리의 문화가 중국과 일본의 아류가 아닌지를 설명할 수 있겠는가?

　'아류'라 하는 것은 참 인정하기 어려운 일이다. 그리고 문제는 아류가 아닌 것은 알겠는데, 막상 "뭐가 아니냐?"고 물으면 대답하기가 참 곤란해진다는 것이다.

　모 기업에서 강의를 할 때의 일이다. 한 분이 쉬는 시간에 다가와서 자신의 아들과 대화했던 얘기를 들려주는데, 초등학교 5학년인 아들이 어느 날 와서 묻더라는 것이다.

　"아빠! 우리나라 역사가 오천 년이라고 배웠는데 역사가 좀 이상해!"

　그런 아들의 말에

　"뭐? 우리 자랑스러운 반만 년의 역사가 뭐가 이상해?"

　라고 얘기하면서 아들과 함께 따져 보았다고 한다.

　그랬는데, 역사 오천 년 중에 단군과 고조선은 신화로 배웠으니 벌써 2천 년 정도가 사라지고, 주몽 이전에 해모수 등은 반 신화로 배웠으니 제외하고, 우리가 역사로 배운 것은 사실 삼국시대부터니까 막상 따져 보니 2천 년 좀 넘는 정도밖에 안되더라는 것이다.

어쩌면 이것이 우리의 현실일지도 모른다. 스스로 "반만 년의 유구한 역사를 가진 단군의 자손"이라고 하지만 막상 따져 보면 2천 년 좀 넘는 역사 밖에 안 된다. 아류가 아닌 것은 알겠는데, 왜 아니냐고 물으면 대답하기 곤란해진다.

한국인으로서 이 땅에 살아가고 있지만, 정작 한국에 대해서는 너무도 모르는 부분이 많다. 우리의 현실이 이렇다 보니 이 영향을 우리의 아이들이 고스란히 받는다.

얼마 전에 대학생 793명을 대상으로 모 여대에서 설문조사를 해 봤는데, '다시 태어난다면 대한민국을 조국으로 선택하지 않겠다.'는 대답을 한 대학생이 62%가 넘었다. 왜냐고 물어보았더니 '선진국에서 태어나고 싶다.'고 한다.

그러나 이보다 더 큰 문제는 우리의 청소년들이다. 청소년의 어른 존경심이 아시아 태평양 17개국 중에 꼴찌다. "어른을 존경하는가?" 하고 물어보았더니 "매우 존경한다."가 중국 70%, 호주 74%, 베트남 92%, 평균이 72%인데 반해 우리나라는 13%밖에 안 된다.

더 충격적인 것은 존경하는 사람 중 최하위가 '선생님'이라는 설문 결과다. 우리의 아이들이 가장 존경하지 않는 사람에게 공부를 배우고 있다는 뜻이다. 그러다 보니 선생은 많은데 스승이 없더라는 탄식의 말이 들릴 만도 하다.

자, 이렇듯 우리의 아이들에게는 왜 어른에 대한 존경심도 없고,

나라에 대한 자부심도 없을까? 그런데 사실 따지고 보면, 아이들에게 무슨 잘못이 있을까 싶다. 우리 어른들이 아이들에게 바르게 알려 주지 못했기 때문은 아닐까?

이럴 때일수록 아이들에게 우리의 문화·역사·철학에 대해서 더 가르쳐야 함에도 불구하고, 입시위주의 경쟁교육을 하다 보니 이런 역사 부분에 대한 교육은 점점 멀어지고 있다. 그러니 아이들이 '3.1운동'을 '3점1운동'이라고 하고, '6.25 전쟁'을 '6점25전쟁'이라고 한다. 왜일까? 당연하다. 제대로 배우지 않았기 때문이다.

그런데 여기서 한 걸음 더 나아가 보자. 그렇다면 우리 어른들은 대한민국에 대해서 얼마나 제대로 알고 있을까? 그리고 바른 역사 의식을 가지고 있는가?에 대한 의문이 든다. 어쩌면 우리 어른들도 안다고 생각은 하고 있지만 제대로 알지 못해서 아이들에게 바르게 가르쳐 주지 못한 것은 아닐까? 그래서 아이들 탓만 하고 있을 것이 아니라 우리 어른들부터 내가 살고 있는 이 대한민국에 대해서 바르게 알아야 한다고 생각한다. 그것부터 시작해 보자는 것이다. 이것이 국학을 알리는 목적이기도 하다.

자, 오른쪽의 그림을 보자. 이 그림에 대해 여러 가지 설이 있지만, 바로크 미술의 거장 루벤스의 그림으로 제목은 〈Simon & Pero〉이며, 네덜란드 암스테르담의 왕립미술관(Rijks Museum)에 전시되어 있다는 것이 정설로 여겨진다.

방문객들은 처음 이 그림을 볼 때, "이런 해괴망측한 그림이 어떻

루벤스의 〈죄수 노인과 여인〉

게 국립미술관의 벽면을 장식할 수 있단 말인가? 그것도 미술관의 입구에!"라고 하며 늙은 노인과 젊은 여자의 부자연스러운 애정 행각을 그린 이 작품에 대해 불쾌한 감정을 드러낸다고 한다.

그러나 그림에 얽힌 사연을 알고나면 생각이 180도로 바뀐다.

이 그림에 나오는 '시몬과 페로'라는 두 부녀의 얘기는 서기 30년에 살았던 역사학자이자 철학자인 발레리우스 막시무스가 전해 주는 얘기이다. 노인(아버지 시몬)이 죄를 죄어서 감옥에 갇히게 되었다. 그런데 사형을 선고 받은 이 죄수에게 또 다른 형벌이 내려진다. 바로 사형 당하기 전까지 일체의 물과 음식을 금지하는 것이었다.

처형 전날, 딸(페로)에게 면회의 시간이 주어진다. 비록 사형을 언도 받은 정도의 중죄를 지었지만 며칠 동안 물 한 모금 먹지 못해서 괴로워하는 아버지를 본 딸은 너무나 마음이 아프다. 자신을 낳아 준 아버지 앞에서 부끄러울 것이 뭐가 있겠는가? 해산한 지 얼마 되지 않은 딸은 자신의 가슴을 열어 낳아 주고 길러 준 아버지에게 처음이자 마지막으로 젖을 먹는다. 이 그림은 부녀간의 사랑을 그린 숭고한 작품으로 여겨지면서 수많은 모작을 만들어 내기도 하였다.

사람들은 이 사실을 아는 순간, 그림을 보는 시각이 달라진다. 때로는 눈물을 글썽이면서 감동으로 바라보기도 한다. 똑같은 그림이지만 사실을 알기 전과 후는 전혀 다르게 보인다.

어쩌면 우리 스스로 대한민국을 보는 시각도 이와 같을 수 있겠다. 우리 스스로 내 나라, 내 것에 대해서 다 안다고 생각하고 있지만, 실제로 얼마나 알고 있는가? 한 번쯤 돌아볼 일이다.

21세기 최고의 발견 중에 하나가 사람의 의식이다. 의식을 관장하는 뇌의 95%는 잠재의식, 무의식의 정보에 의해 움직이고 있으며, 약 5% 정도만 우리가 인지할 수 있는 의식이라고 한다.

내가 하는 행동의 95%가 내 의지와 상관없는 무의식의 작용에 의해 움직이고 있다는 것이다. 그렇다면 내 무의식 속에 어떤 정보가 들어 있느냐가 내 삶, 내 운명의 대부분을 지배한다고 볼 수 있다. 무의식 속에 안 좋은 정보가 더 많이 있다면, 이 정보에 의해 내 삶 전체가 안 좋은 쪽으로 끌려간다는 것이다.

개인도 이럴진대 조직이나 국가는 더 말할 필요도 없다. 그래서 우리 안에, 우리의 뇌 속에 스스로를 저평가하는 그리고 우리 대한민국에 대한 안 좋은 정보가 있다면 정화할 필요가 있다.

경제학의 아인슈타인으로 불리면서 하버드 비즈니스스쿨의 석좌 교수로 있는 클레이튼 M. 크리스텐슨(Clayton M. Christensen)은 "한국인의 경쟁력은 한국인 스스로 인정해야 한다."라고 말했다. 이 말은 곧 우리는 스스로를 인정하지 않는다는 말이다.

하버드대 동아시아언어문화학 박사 출신으로 지금은 경희대 교수로 있는 임마누엘 페스트라이쉬(Emanuel Pastreich)는 "한국은 약소국 콤플렉스에서 벗어나 선진국으로서 국제사회에 나아가야 한다."고 제안한다. 또한 "한국은 역사 속에서 정체성을 찾아야 한다. 저개발국가에서 선진국이 된 경험으로 다른 국가들로부터 존경 받는 모범국가가 되어야 하며, 한국의 유용한 전통 문화를 통하여 21세기 르네상스를 꽃피워야 한다."고 말하고 있다.

그리고 그는 '코리아 디스카운트'라고 말하는데, 이는 한국이 스스로를 저평가하다 보니 한 해 58조 정도의 손해를 본다는 것이다. 더 받을 수 있는 것을 스스로 저평가하기 때문에 더 못 받는다는 뜻이다.
  똑같은 제품과 성능일지라도 메이드 인 코리아냐, 메이드 인 차이나냐에 따라 가격이 다른 것과 똑같다.

캄보디아 개발위원회의 '판야 웬니다' 국장은 캄보디아로 들어오는 모든 원조를 총괄하고 있는 데 "한국을 보면서 우리가 지금은 비록 가난해서 남의 나라의 도움을 받을 수 밖에 없지만 우리도 언젠가 한국처럼 될 수 있다는 희망을 품고 있다"고 한다. 그리고 "한국이 우리와 뚝 같은 상황에서 성장했기에, 한국이라는 나라가 존재하는 것만으로도 국제 원조에 기여하고 있는 것이다"라고 말한다.

저개발국가들에게 한국은 존재 자체가 그들에게 큰 희망이다. 이제 우리는 우리 스스로에 대한 부정적인 인식을 버리고 우리 스스로를 인정해 주자. 다른 누구도 아닌 우리 자신이 스스로를 인정해 주지 않는다면, 다른 어느 누가 우리를 인정해 주겠는가? 이제부터라도 우리를 바르게 알고, 우리의 것, 우리의 대한민국에 대해 진실의 눈을 뜨자!

CHAPTER

02

한민족, 한겨레 그리고
대한민국

'한'은 여러 가지 뜻을 품고 있는데, '한'에는 '하나(一 · one)', '유일한(only)'이라는 뜻과
'하늘(天 · heaven)' 혹은 '하나님(神 · god) '이란 뜻이 있다.

우리나라의 대표지성으로 불리는 이어령 이화여대 석좌 교수의 어릴 적 이야기를 들어보자. 그가 학교에서 수업 시간에 갈릴레오의 지동설에 관한 이야기를 들었을 때이다.

선생님이 갈릴레오가 종교 재판을 받게 되니 목숨을 건지기 위해 지동설을 부정했다가 재판정을 나오면서 혼잣말로 "그래도 지구는 돈다."라고 말했다고 설명을 했다. 선생님의 설명을 들은 학생들은 고개를 끄덕이며 "신념을 굽히지 않는 과학자였구나."라고 생각하고 있었는데, 그 때 어린 이어령 교수는 손을 번쩍 들고서 "선생님! 갈릴레오가 혼잣말을 했다고 하셨는데 그것을 다른 사람이 어떻게 들었어요?"라고 물었다. 그랬다가 선생님께 버릇없이 말대꾸 한다고 참 많이 맞았다고 한다. 그 이후에도 이어령 교수는 남이 가르쳐준 이치에도 맞지 않는 말을 그대로 진리라고 생각하지 않고 우선 'NO!'라고 말하기로 했다는 것이다. 그것이 '부정의 지성이고 지성은 부정하는 것'이라고 이어령 교수는 말한다.

우리는 너무나 당연하다고 여기는 것에 대해서는 의문을 품지 않는다. 그러다 보니 새로운 것에 대한 시각이 트이지 않는데, 창의·창조라는 것은 바로 이 당연한 것에 대해서 "왜(WHY)?"라는 의문을 제기할 때 생기는 것 아니겠는가?

내가 살고 있는 이 땅은 대한민국[Republic of Korea, 大韓民國]이다. 큰 대(大)자를 빼고 줄여서 '한국'이라고 하는 나라에 살고 있다.

너무나 당연한 말이다. 그런데 왜 '한국'인가? 이 대한민국은 언제부터 대한민국이었을까? 우리는 스스로를 '한국인, 한민족, 한겨레'

라고 하며 애국가에도 '대한 사람 대한으로 길이 보전하세'라는 가사
가 나온다. 그런데 여기에 공통적으로 들어가는 단어가 바로 '한'이
란 단어이다. 이 말은 어디에서 나왔으며 무슨 뜻일까? 그리고 언제
부터 사용했을까? 혹시 이에 대해 의문을 품어 본 적이 있는가?

우리나라 주변국 가운데 한자권의 나라 이름을 보면 일본은 '해 뜨
는 근본'이라고 해서 해서 '일본(日本)'이라 지었고, 중국은 '세상의
중심'이라고 해서 '중화(中華), 중국(中國)'이라고 했는데, 그렇다면 한
국은 왜 '韓國'인가? 이에 대한 해답을 찾기 위해 우리나라 대한민국
의 어원을 찾아보자.

먼저 대한민국의 국호(國號)에 대해서 사전들을 찾아보면 일반적
으로 다음과 같이 설명되어 있다.

"대한민국의 '한(韓)'은 고대 한반도 남부 일대에 존재했던 마한(馬
韓), 진한(辰韓), 변한(弁韓)에서 유래하며, 우리 민족이 한족(韓族)
중심으로 이루어졌기 때문에 생긴 말이다. 근대 국가로서 '대한'이라
는 국호는 1897년 8월 고종황제가 '대한제국(大韓帝國)'을 선포할 때
나온 것이며, 오늘날의 대한민국(大韓民國)은 1919년 3·1운동 직후
4월에 상하이에 수립한 '대한민국임시정부(大韓民國臨時政府)'에서 비
롯되었다."

이러한 설명을 보았을 때, 한국이라고 이름 지어진 이유는 우리
가 한족이기 때문이고, 이 '한'은 삼한에서 비롯되었다는 말인데, 여

기에 나오는 '삼한'은 상고시대(上古時代)에 한반도 남부에 자리 잡고 있던 3부족사회(三部族社會)를 말한다. 삼한의 지리적 위치에 대해서는 여러 가지 설이 있으나, 일반적으로 마한은 경기·충청·전라도 지역에, 진한과 변한은 경상도 지역에 해당된다.

고종황제께서 대한제국을 선포하면서

"우리나라는 곧 삼한(三韓)의 땅인데, 국초(國初)에 천명을 받고 하나의 나라로 통합되었다. 지금 국호를 '대한(大韓)'이라고 정한다고 해서 안 될 것이 없다. 또한 매번 각 국의 문자를 보면 조선이라고 하지 않고 한(韓)이라 하였다. 이는 아마 미리 징표를 보이고 오늘이 있기를 기다린 것이니, 세상에 공표하지 않아도 세상이 모두 다 '대한'이라는 칭호를 알고 있을 것이다."라고 했다.

자! 고종황제께서 "예로부터 우리나라를 조선이라 하지 않고 '한'이라고 해왔기에 세상에 따로 공표하지 않아도 모두 다 '대한'이라는 칭호를 알 것이다" 라고 말씀을 하셨다. 그런데 문제는 막상 우리 국민들 조차 '한'의 근원에 대해 아는 이들이 별로 없다는 것이다.

고종 황제께서 대한제국을 선포하신 이 1897년은 일제를 비롯하여 청나라, 러시아 같은 열강들이 호시 탐탐 우리나라를 노리던 때이다.

1895년 을미사변 이후 친로파 내각이 밀려나고, 김홍집을 위시한 친일파 내각이 들어서게 된다. 한 나라의 왕비가 일개 낭인들의 손에 죽음을 당하는 기가 막힌 일을 겪고도 2개월여가 지난 뒤에야 겨우 죽음을 발표할 수밖에 없는 현실 앞에 고종이 할 수 있는 것은 아무것도 없었다.

그나마 믿었던 청나라마저 일본에 패하는 것을 보고, 일본을 견제할 수 있는 세력은 러시아밖에 없다는 생각에 1896년 러시아 공사관으로 피신하는 아관파천(俄館播遷)을 단행한다. 러시아 공사관에서 고종이 다시 환궁한 것은 1년 후인 1897년인데, 바로 이때 자주권 확립과 함께 황제국을 건설하자는 논의가 활발히 진행되었다.

고려시대 묘청이 서경천도와 함께 칭제건원을 주장한 적이 있었으나, 우리나라에서 특히 조선왕조에서 칭제건원 주장은 아예 없었다.

그러나 "일본도 천황이란 호칭을 쓰고, 청나라도 황제라 칭하는데 왜 우리나라만 왕이란 호칭을 사용해야만 하는가?"에 대한 반발로 고종이 1897년 8월에 연호를 '광무(光武)'로 고치고, 10월 12일 서울 회현방 환구단에서 황제즉위식을 거행했다. 그리고 그간 써 온 조선이라는 칭호를 버리고 '대한제국'을 선포하면서 '황제'라는 칭호를 쓰기 시작했다. 청나라와의 전쟁에서 승리한 후 거칠 것 없이 승승장구하는 일본 앞에 선 대한제국의 운명은 바람 앞의 촛불일 수밖에 없었다. 대한제국으로 국호를 바꾸고 황제라 칭한 것은 외세의 압력을 이겨 내려는 몸부림이자 마지막 자존심이었던 것이다.

그렇게 해서 선택한 것이 '대한제국'이다. 그런데 여기서 의문이 생긴다. 보통 나라 이름을 지을 때는 실제로 있던 것이든 과장된 것이든 그중 가장 큰 것을 따오는 법이다. 고려의 왕건은 나라를 세울 때 동북아 최강자로 군림했던 '고구려'의 기상을 잇겠다는 대의명분으로 '고려'라고 나라이름을 지었고, 이후 이성계는 새로 개국을 하는 입장에서 이보다 더 큰 이름을 지어야 하기에 고구려 이전에 있었던 '단군조선'의 전통과 맥을 잇는다는 명목으로 조선이라는 이름을 따와서 국호를 '조선'이라고 지었다. 그래서 이성계가 세운 조선과 구분하기 위해서 단군조선을 '고(古)조선'이라 이름하는 것이다.

그런데 고종은 이에 한술 더 떠서 나라 이름에 그냥 '한'도 아닌 큰 대(大)자를 붙여 '대한'이라고 했고, 거기다 또 '제국'이라는 거창한 칭호를 붙였다. 흔히 제국이라 함은 로마제국, 대영제국, 몽골제국 등 엄청난 영토를 가진 강대국을 뜻한다.

이런 엄청난 이름의 대한제국이라는 국가의 명칭을 정하는데 한반도의 남부에 모여 사는 54부족 연맹체부족국가인 진한·마한·변한의 삼한으로 돌아가자고 하여 나라이름을 지었을까? 압록강을 경계로 한반도를 지배하던 조선이 오히려 더 큰 이름이 아니고 한반도 남부에만 웅크려 있던 삼한을 계승하려 '한'을 썼다는 게 의문이 드는 부분이다. 이는 고종이 그 어려운 시기에 우리 역사상 한번도 쓰지 않았던 황제라는 엄청난 칭호를 쓰려고 하는 의도와는 전혀 맞지 않는 듯하다.

『무궁화 꽃이 피었습니다』, 『고구려』 등의 저자인 김진명 씨의 소설 『천년의 금서』를 보면 '한'의 근원을 찾아가는 이야기가 나온다. 참 재미있게 읽었었는데, 이 책에서 작가는 오래 전부터 '우리나라의 국호인 한이 어디서 왔을까?' 하는 의문에 사로잡혀 '한'이라는 글자를 담고 있는 이 세상의 갖가지 오래된 기록들을 찾아 헤매다, 기원전 7세기 무렵 편찬된 『사서삼경』 중의 한 권인 시경에서 그 단서를 찾는다. 이 소설은 그 추적의 결과를 바탕으로, 대한민국 국호의 비밀을 찾아가는 과정을 풀어내고 있다.

시경의 '한혁편'에서 '한후(韓侯)'라는 글귀를 찾아내는데, 후는 왕이라는 뜻이니 한씨 성의 왕이란 뜻이다. 그리고 후한의 대학자 왕부가 쓴 『잠부론』이란 책 중에 중국 역사에 등장하는 여러 성씨들의 기록과 유래를 모으고 분석한 〈씨성〉이라는 편목이 있는데, 그곳에 보면 한후는 "위만에게 정벌되어 바다 가운데로 옮겨간 한씨의 조상이다." 라는 구절이 나온다. 위만에게 정벌되어 바다 가운데로 옮겨간 한씨는 고조선의 마지막 왕 '준왕'이기에 바로 한은 고조선의 왕의 성씨였다는 것이다. 소설이기는 해도 꽤 일리 있어 보이는 내용이다.

김진명 씨는 조선 말 고종이 조선의 기개를 펼치기 위해 칭제건원(稱帝建元)까지 했는데, 작은 부족국가인 삼한을 잇기 위해 국호를 바꾸었을 리는 없다며, 아마도 삼한은 그 이전에 이미 한(韓)이라는 웅혼한 뿌리를 가지고 있었을 것이라는 의문 때문에 이러한 소설을 쓰게 되었다고 말한다.

'한'의 근원에 대한 또 다른 내용을 추론해 볼 수 있는 책은 『환단고기』이다. 이 『환단고기』에 대해서는 위서 논란이 끊이지 않고 있으며, 신봉자와 혐오자로 나뉘어서 극과 극을 달리고 있다. 특히 인터넷상에는 읽기에 민망할 정도로 서로를 원색적으로 비난하면서 '이전투구(泥田鬪狗)'하는 모습을 보이고 있는데, 별로 바람직해 보이지는 않는다.

물론 『환단고기』가 세월의 흐름에 따라 가필이 더해지기도 하고 때론 좀 황당하다고 느낄 만한 내용이 있는 것은 사실이다. 그러나 따지고 보면 세월이 흐름에 따라 어느 책이든 가필이 안 된 책은 없다. 심지어 세계에서 가장 많이 읽힌다고 하는 성경도 상식으로는 도저히 이해되지 않은 부분도 많고, 수십 년 동안 여러 저자에 의해 가필이 되어 온 책이다. 그리고 다른 언어로 번역되는 과정에서 수많은 오역이 있을 수밖에 없다.

그렇기에 어느 정도 문제가 있는 부분이 있긴 하지만, 그렇다고 다 싸잡아서 아예 논의할 가치가 없는 것처럼 치부해 버리는 것도 바른 자세는 아니라고 본다. 서로 냉철하게 분석하고 옥석을 가리는 것이 중요하다.

필자도 언젠가 모 대학 한국사 교수님과 대화를 나누던 중 이분이 '단군과 고조선'을 종교적인 것으로 치부하면서 아예 연구할 가치조차 없는 것으로 얘기하는 것을 보고 충격을 받은 적이 있었다.

이 『환단고기』에서는 우리나라의 역사를 총 1만 년으로 본다. 한국 시대는 일곱 분의 환인이 3301년간, 배달국은 환웅 18분이 1565년간 다스렸으며, 단군조선은 47분의 단군이 2096년간 다스렸다는 내용이 나온다.

그래서 이 내용을 추론해서

첫 번째 '한'은 환인의 '한국시대'에 나오는 '한'(밝다 · 환하다).

두 번째 '한'은 환웅의 '배달국'이다. 우리는 스스로를 '배달겨레', '배달민족'이라 부르는데 이 배달은 '밝다'의 뜻이기에 밝은 나라, 즉 '한'나라라는 뜻이다.

세 번째 '한'은 단군의 '조선'이다. 조선이라는 뜻은 '밝고 고운 아침의 나라'라는 뜻도 되지만, 한자를 풀이해 보면 (朝: 아침 조, 혹은 나라이름 조), 선(鮮: 고울 선, 밝을 선), 즉 '밝은 나라', '한'나라라는 뜻이 된다.

이 세나라의 한을 합쳐서 '삼한'이라고 하는 주장도 있다.

무릇 이름이란 그 사물이나 대상에 대한 정확한 인식이고 느낌이며, 존재의 가치를 나타내기에 아주 중요하다고 할 수 있겠다. 김춘수 시인의 '꽃'은 사물이나 존재가 이름을 통하여 어떤 의미를 갖는가를 잘 보여 준다.

꽃

-김춘수

내가 그의 이름을 불러 주기 전에는
그는 다만 하나의 몸짓에 지나지 않았다.

내가 그의 이름을 불러 주었을 때,
그는 나에게로 와서
꽃이 되었다.

내가 그의 이름을 불러 준 것처럼
나의 이 빛깔과 향기에 알맞은
누가 나의 이름을 불러 다오.
그에게로 가서 나도
그의 꽃이 되고 싶다.

우리들은 모두
무엇이 되고 싶다.
너는 나에게 나는 너에게
잊혀지지 않는 하나의 눈짓이 되고 싶다.

사물이나 대상의 이름도 이럴 진데, 한 나라의 이름의 중요성은 더 말할 필요도 없다. 우리나라의 이름인 '한국'에 대해 좀 더 깊은 연구가 필요하다.

그렇다면 이 '한'의 의미는 무엇인가? '한'에는 30가지 이상의 뜻이 들어 있고, '한'이 들어가는 단어만 해도 50개가 넘는다.

한국	한겨레	한민족	한글	한복	한밭
한양	한강	한바탕	한우	한밑천	한동안
한결같은	한없는	한껏	한아름	한 묶음	한 웅쿰
한창	한참	한길	한숨	하느님	한울님
한배검	한중간	한복판	단 한 번	한쪽	한 뼘
한 치	한술	한 놈	한 방	한 식구	한 가족
한 마을	한마음	한솥밥	한 회사	한산	한약
한의원	한의사	한의학			

‘한’은 여러 가지 뜻을 품고 있는데, ‘한’에는 ‘하나(one)’, ‘유일한 (only)’이라는 뜻과 ‘하늘(天 · heaven)’ 혹은 ‘하나님(神 · god)’이란 뜻이 있다.

그래서 예로부터 우리 민족은 하늘과 하느님을 별개로 보지 않고 같게 보았기에 단 한 분밖에 없는 유일한 분, 하늘에 계신 만물을 주관하는 분이라고 해서 ‘하늘님, 하느님, 하나님’ 이렇게 불렀다.

한에는 하나(one), 유일하다(only)는 뜻과 함께 ‘많다(many)’는 의미가 함께 담겨 있는데 이게 참 묘하다. 어떻게 한 단어에 반대되는 뜻이 함께 들어 있는 것일까? 이것은 우리가 one과 many, 단(單)과 다(多)의 뜻을 모두 포함한 글을 사용할 수 있는 조화의 철학을 가진 민족이기 때문이다.

‘같다(同)’, ‘크다(大)’, ‘환하다’, ‘밝다’. 그래서 우리글을 큰 글, 밝은글이라고 해서 한글이라고 하고, 밝고 환한 민족이라고 해서 한민족, 한겨레라고 부른다. 그리고 동시에 ‘중앙(中 · middle)’이란 뜻이 함께 포함되어 있어서 대전(大田)을 큰 밭 혹은 중앙에 있는 밭이란 뜻으로 ‘한밭’이라 부른다.

이뿐만 아니라 세 가지 뜻이 한번에 들어 있는 경우도 있는데, 한겨울이라 할 때 ‘한겨울’은 겨울 전체라는 의미와 가장 추운 겨울이라는 의미가 함께 있고, 겨울의 중간이라는 의미도 포함되어있다

이렇듯 ‘한’은 무궁무진한 뜻을 품고 있는 단어다.

1. 하나(一·one)
2. 유일한(only)
3. 하늘(天·heaven)
4. 하나님(神·god)
5. 같다(同)
6. 많다(多)
7. 크다(大·big)
8. 환하다
9. 밝다
10. 중앙(中·middle)

한은 다른 말로 풀이하면 '우리'라는 뜻인데, 한민족만큼 습관적으로 '우리'라는 말을 많이 쓰는 민족은 없다. '한'과 '우리'는 동의어로 쓰인다고 할 수 있다.

우리(한)민족, 우리(한)겨레, 우리(한)식구, 우리(한)마을, 우리(한)회사, 우리(한)가족, 우리(한)글, 심지어 '우리 마누라', '우리 남편'이란 표현까지 쓴다. 외국인들이 들으면 기절초풍할 얘기지만 우리는 아주 자연스럽게 쓴다. 이것이 가능한 이유는 '우리'와 '한'의 의미가 같고, 여기에는 '많다'는 뜻뿐만 아니라 '하나', '유일하다'라는 뜻도 함께 내포하고 있기 때문이다.

그런데 '한'이 얼마나 큰 의미를 품고 있는지 그 중요성을 알게 된 일제는 탄압에 들어간다. 1910년 8월 30일 아침, 신문을 받아 본 독자들은 뭔가 크게 달라진 것을 알아챘다. 바로 '대한'을 금기어로 만들어 버린 것이다.

구 한말에 발행된 신문 가운데 가장 영향력이 큰 민족지였던 〈대한매일신보〉의 제호(題號)는 〈매일신보〉로 바뀌었고, 1898년 남궁억 선생 등이 국민지식의 계발과 외세침입에 대한 항쟁의 기치 아래 창간한 〈대한황성신문〉이 〈한성신문〉으로, 친일계 신문인 〈대한신문〉마저 〈한양신문〉으로 바뀌어 있었다. 하루 전인 8월 29일에 공포된 한일병합조약은 신문의 얼굴인 제호마저 빼앗은 것이다. 일제가 이렇게 신문제목을 바꾸면서까지 '대한'을 금기어로 만들어 버린 이유는 무엇일까? 무엇인가 우리가 알지 못하는 일본인들의 숨은 의도가 있지 않았을까? 그 의도가 자못 궁금해진다.

이 '한'의 근원에 대해서는 아직까지 모호한 부분이 있는데, 우리의 국호, 대한민국의 의미를 다시 한 번 생각하고 고민하는 노력이 필요한 시점인 것 같다.

이 '삼한'에 대한 또 다른 견해가 있는데, 바로 구한말 최고의 천재 사학자로 불리었던 단재 신채호 선생의 얘기다. 어쩌면 가장 신빙성이 있다고 할 수도 있겠다.

바른 역사의식을 강조하는 단재 선생의 말씀이다.

단재 신채호(丹齋 申采浩, 1880-1936)

우리나라에 부처가 들어오면 한국의 부처가 되지 못하고 부처의 한국이 된
다. 우리나라에 공자가 들어오면 한국을 위한 공자가 되지 못하고 공자를
위한 한국이 된다. 우리나라에 기독교가 들어오면 한국을 위한 예수가 아
니고 예수를 위한 한국이 되니, 이것이 어쩐 일이냐!
이것도 정신이라면 정신인데, 이것은 바로 노예정신이다.
자신의 나라를 사랑하려거든 역사를 바로 읽을 것이며 다른 사람에게 나라
를 사랑하게 하려거든 역사를 읽혀 바로 알게 할 것이다.

단재 선생은 우리가 여태껏 배워 온 '삼한'에 관한 지식은 바로 '소
한사관'에서 비롯된 잘못된 역사라고 말한다.

'소한사관'은 가야 · 신라 · 백제의 전신인 한강 이남의 소국가 연
맹체인 마한 · 진한 · 변한을 삼한으로 알고 있는 것을 말한다. 이는
삼한에 대한 엄청난 오해이며, 이러한 오해가 우리 한민족의 역사를
공간적으로는 한반도로, 시간적으로는 기원전 10세기를 넘지 못하
는 것으로 축소시키는 결정적 원인이 된 것이라 한다.

단재 선생은 고대사연구 방법론으로 취했던 '민족 및 지명 이동설'
을 원용하여 상고시대에 한반도 안에 삼한이 설치되기 전에 이미 중
국 동북지역에서부터 삼한(삼조선)이 있었고, 이 삼한의 유민들이 한
반도 이남으로 이주하여 소규모로 재건한 것이 바로 우리가 현재 알
고 있는 삼한이라는 것이다.

그래서 단재 선생은 삼조선의 대륙 삼한을 '북삼한' 혹은 '전삼한'
으로, 그 이후 건립된 한강 이남의 삼한을 '남삼한' 혹은 '후삼한'으
로 부르면서 확연하게 구분 지었다.

이처럼 우리가 알고 있는 한반도 이남의 삼한에 대한 오해를 불식

시키고 우리 역사를 바로잡기 위해 단재 선생은 평생을 역사연구에 매진하며, 한반도의 남쪽 삼한 시대 이전에 만주 · 요서 · 한반도에 걸쳐 광대하게 뻗어 있었던 단군조선의 삼한시대가 실재했음을 입증했다.

　직접 맨몸으로 만주를 누비며 한 곳이라도 더 많이 보려 했으나 자금 부족으로 그 사료를 다 모으지 못한 안타까움이 그의 저서『조선상고사』와『조선상고문화사』속에 고스란히 녹아있다. 평생을 오직 민족의 역사를 바로잡고자 한 단재 선생의 눈물겨운 노력이 빛을 발할 날을 기대해 본다.

태극기太極旗의 철학

우리의 태극기는 다른 어느 나라의 국기와도 다른 독특한 문양을 가지고 있으면서

우리 민족의 정서를 표현하는 철학을 담고 있다.

아직 젊다면 젊은(?) 내가 나이 얘기를 하니 좀 죄송스럽기는 하지만, 나이가 들어간다는 것은 참 묘한 일이다. 섭섭하기도 하고 지혜로워진다는 의미에서는 나름 괜찮기도 하니 말이다.

나이 들어가는 것을 잊고 살다가 오랜만에 만난 친구들의 불룩 나온 배와 벗겨진 머리를 볼 때 그리고 체력이 예전 같지 않음을 느끼거나 삐끗한 발목이 오랫동안 낫지 않을 때, '어쩔 수 없이 나이가 들어가는구나' 하는 것을 새삼 느끼곤 한다.

내 나이쯤 된 분들은 행사가 있을 때면 시작 전에 태극기를 바라보며 오른손을 가슴에 얹고 '국기에 대한 맹세'를 하던 기억이 새록새록 날 텐데, 언제부터인가 이 모습은 관공서 행사가 아니면 보기 어려워졌다.

이 국기에 대한 맹세는 언제부터 시작되었을까?

기록에 따르면, 국기에 대한 맹세문은 1968년 충청남도 교육위가 자발적으로 만들어 보급한 것을 1972년에 문교부가 이를 받아들여 전국의 각급 학교에서 시행하도록 하였다고 되어 있다.

이 국기에 대한 맹세가 예전과 달라졌다는 것을 아는 분들이 그리 많지는 않을 것 같은데, 가끔 여기저기서 들려오는 국기에 대한 맹세가 좀 이상하다는 것을 느끼기는 해도 사실 신경 쓰지 않으면 잘 모르기 때문이다.

나 역시 그동안 생각지도 않고 있다가 '어! 국기에 대한 맹세가 내가 알던 것과 다르네?' 하고 알게 된 것은 얼마 되지 않았다. 그래서 궁금해서 찾아보니, 당연한 일이긴 하겠지만 '국기에 대한 맹세'도 세월의 흐름에 따라 변화를 겪었다.

초기에는 "나는 자랑스런 태극기 앞에 조국의 통일과 번영을 위하여 정의와 진실로써 충성을 다할 것을 다짐합니다."였단다. 그리고 내가 기억하는 국기에 대한 맹세는 1972년 이후에 만들어진 것으로, "나는 자랑스런 태극기 앞에 조국과 민족의 무궁한 영광을 위하여 몸과 마음을 바쳐 충성을 다할 것을 굳게 다짐합니다."이다. 국민학교(초등학교) 때 이거 외우느라 많이 고생한 기억이 난다.

그리고 지금 사용하는 국기에 대한 맹세는 2007년 이후 만들어진 것으로, "나는 자랑스러운 태극기 앞에 자유롭고 정의로운 대한민국의 무궁한 영광을 위하여 충성을 다할 것을 굳게 다짐합니다."이다.

시절이 변해 가다 보니 국기에 대한 맹세 구절도 바뀌는 게 당연할 터이다. 그리고 사라진 것 중 하나가 국기 계양식과 하강식!
저녁 6시만 되면 국기 하강식 때 울려 퍼지던 애국가 소리에 가던 길을 멈추고 가슴에 손을 얹거나 차렷 자세로 국기 하강이 끝날 때까지 기다리면서 들었던 애국가는 언제 사라진 것일까?
얼마 전 군부대 강의를 갔다가 애국가와 함께 국기 하강식을 오랜만에 보고 기분이 묘했던 기억이 있는데, 〈변호인〉이란 영화에는 주인공을 발로 차고 때리던 고문경찰이 국기 하강식 음악이 들려오자 잠시 멈추고 가슴을 손을 얹고 있다가, 끝나자마자 또 구타를 하는 모습을 우스꽝스럽게 그려 놓기도 했다.

그런데 굳이 필요치 않다면 사라져 가는 것이 당연한 일이지만, 이 때문에 우리의 국기인 태극기가 우리의 마음속에서부터 멀어져 가는 게 안타까운 일이다.

주변을 살펴보면, 국경일이 되어도 관공서를 제외하고 일반 가정에 국기를 내거는 경우는 점점 줄어들고 있는 것 같다. 그래서 요즘 관공서를 중심으로 가정에 태극기를 게양하자는 캠페인을 하고 있는 형편이다.

3.1절	3월 1일
현충일	3월 6일
제헌절	7월 17일
광복절	8월 15일
국군의 날	10월 1일
개천절	10월 3일
한글날	10월 9일

우리나라의 국기 게양일

우리나라의 국기(國旗)인 태극기(太極旗)는 과거를 돌아보면 우리가 기쁠 때나 힘들 때나 언제나 우리 곁을 지켜 왔다.

동족상잔의 비극인 6·25! 포탄이 난무하던 그 시절에 생사를 함께하던 전우의 곁에 있었고, 1980년 5·18 광주 민주화 항쟁의 희생자들 주검 위에도 태극기는 있었다. 그리고 지금도 우리의 가슴을 뛰게 하는 2002년 월드컵 때는 다양한 형태의 태극기가 탄생되면서 더욱 친근하게 다가오기도 했다. 지금도 국가별 스포츠 경기 때는 늘 태극기가 게양되면서 우리의 가슴을 뜨겁게 달군다. 나는 특히 공기업이나 군부대 강의를 할 때마다 국기에 대한 맹세를 하는 모습을 보면서 우리나라 국기인 태극기에 대해서 다시 한 번 마음에 새기곤 한다.

어떤 외국인 교수는 '세계에서 가장 철학적인 국기는 한국의 국기'라고 했다고 한다. 뭐 비교하는 것은 좀 그렇지만, 듣고 보니 우리 태극기처럼 철학적인 진리를 담고 있는 국기도 없는 것 같다. 우리의 태극기는 다른 어느 나라의 국기와도 다른 독특한 문양을 가지고 있으면서 우리 민족의 정서를 표현하는 철학을 담고 있다.

미국

말레이시아

일본

중국

캐나다

　다른 나라 국기와 비교하는 것은 좀 그렇긴 해도, 기왕 비교하기로 했으니 좀 둘러보자. 먼저 성조기라 불리는 미국 국기는 주가 50개 라고 해서 별 50개로 되어 있으며 말레이시아 국기도 성조기와 좀 비슷하다

　일본의 일장기는 흰 바탕에 붉은 태양 하나, 오성홍기라 불리는 중국은 붉은 바탕에 별 5개, 캐나다 국기는 캐나다에 흔한 단풍나무 잎과 양쪽의 빨강 줄로 구성되어 있다.

　유럽의 국기들

핀란드　　　　　그리스　　　오스트레일리아　　　영국

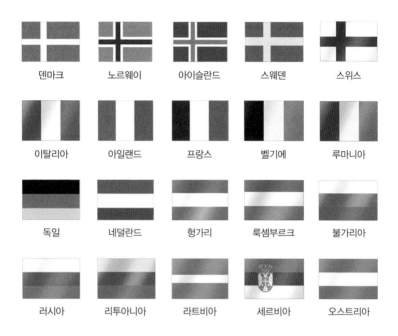

덴마크	노르웨이	아이슬란드	스웨덴	스위스
이탈리아	아일랜드	프랑스	벨기에	루마니아
독일	네덜란드	헝가리	룩셈부르크	불가리아
러시아	리투아니아	라트비아	세르비아	오스트리아

　유럽의 국기들은 참 비슷한 게 많다. 크게 2가지 종류로 구분되는데 핀란드, 그리스, 오스트레일리아, 영국, 스위스, 덴마크, 노르웨이, 아이슬란드, 스웨덴 국기처럼 십자가를 모티브로 만든 국기가 있고, '삼색기'라고 해서 세 가지 색깔을 가지고 가로와 세로, 넓이와 배열을 다르게 해서 만들었는데 거의 대부분 비슷비슷한 모양이다. 유럽의 국기들은 참으로 헷갈린다!

　이에 비해 우리 태극기는 태극과 팔괘를 사용하고 있어, 그 철학적인 의미가 심오하기 짝이 없다. 그렇다면 우리나라의 국기인 태극기 유래와 의미에 대해서 한번 살펴보자. 태극기의 도시 구리시에서는 태극기의 유래에 대해 아래와 같이 전하고 있다.

세계 각국이 국기(國旗)를 제정하여 사용하기 시작한 것은 근대국가가 발전하면서부터였다.

우리나라의 국기 제정은 1882년(고종 19년) 5월 22일 조미수호통상조약(朝美修好通商條約) 조인식이 직접적인 계기가 되었다. 당시 조인식 때 게양된 국기의 형태에 대해서는 정확한 기록이 남아 있지 않다. 다만, 최근 발굴된 자료인 미국 해군부 항해국이 제작한 '해상국가들의 깃발(Flags of Maritime Nations)'에 실려 있는 이른바 'Ensign(선박의 국적을 나타내는 깃발)' 기가 조인식 때 사용된 태극기(太極旗)의 원형이라는 주장이 있다.

1882년 9월 박영효(朴泳孝)는 고종(高宗)의 명을 받아 특명전권대신(特命全權大臣) 겸 수신사(修信使)로 일본으로 가던 중, 선상에서 태극 문양과 그 둘레에 8괘 대신 건곤감리(乾坤坎離) 4괘를 그려 넣은 '태극4괘 도안'의 기를 만들어 그 달 25일부터 사용하였다.

10월 3일 본국에 이 사실을 보고하자, 고종은 다음 해인 1883년 3월 6일 왕명으로 이 '태극4괘 도안'의 '태극기(太極旗)'를 국기(國旗)로 제정 · 공포하였다. 그러나 국기를 정식으로 공포할 당시 국기제작 방법을 구체적으로 명시하지 않은 탓에 이후 다양한 형태의 국기가 사용되었다. 이에 대한민국 임시정부에서 1942년 6월 29일 국기제작법을 일치시키기 위하여 「국기통일양식(國旗統一樣式)」을 제정 · 공포하였지만, 일반 국민에게는 널리 알려지지 않았다.

1948년 8월 15일 대한민국 정부가 수립되면서 태극기의 제작법을 통일할 필요성이 커짐에 따라, 정부는 1949년 1월 「국기시정위원회(國旗是正委員會)」를 구성하여 그 해 10월 15일에 오늘날의 「국기제작법」을 확정 · 발표하였고, 2007년 1월 26일 「대한민국 국기법」이, 2007년 7월 27일 「대한민국 국기법 시행령」이 제정되었다.

대한민국 정부가 태극기를 국기로 사용해 온 것은 태극기가 지닌 이러한 민족사적 정통성을 이어받기 위함이다.

— 구리시

태극기에 담긴 철학을 살펴본다면, 태극기를 흰색 바탕에 태극과 4개의 괘로 나누어 생각할 수 있다.

평화의 상징: 흰색 바탕

흰색 바탕은 우리 민족의 밝음과 순수를 상징하는데, 평화를 사랑하는 우리 민족을 뜻한다. 그래서 우리 선조들은 스스로를 '백의민족'이라 칭하고 흰 옷을 즐겨 입어 왔다.

우주 만물의 상징: 태극

가운데의 태극 문양은 음(陰: 파랑)과 양(陽: 빨강)의 조화를 상징하는 것으로, 우주 만물이 음양의 상호 작용에 의해 생성하고 발전한다는 대자연의 진리를 형상화한 것이다.

이 태극의 음과 양은 서로 대립되는 관계가 아니다. 태극을 보면 S 자 곡선으로 서로 맞물려 있는데, 음 속에 양이 포함되어 있고 양 속에 음이 포함되어 있기 때문에 서로를 품어 주고 보듬어 주는 조화의 사상을 뜻한다.

이것은 절기를 보아도 알 수 있는데, 24절기 중 첫째인 입춘(立春)은 음력 정월이요, 양력 2월 4일경에 해당한다. 가장 추운 겨울이지만 내면에는 봄을 잉태하고 있다는 뜻이다. 반대로 입추(立秋)는 24절기 중 열세 번째 절기로, 양력으로는 8월 8일 무렵이고 음력으로는 7월이기에 한여름으로 한참 더울 때이다. 더움이 극에 달했을 때 그 내면에는 오히려 서늘함이 시작된다는 것을 뜻한다. 그래서 태극을 이러한 자연의 오묘함과 진행과정을 극명하면서도 단순하게 보여 주는 최고의 상징이라고 하는 것이다. 그리고 이 우주가 음과 양이라는 두 가지 힘으로 되어 있다는 것을 뜻하는데, 이 세상에 음과 양이 아닌 것이 없다. 이 음양의 조화에 의해 만물이 탄생되듯이 이 태극은 우리 민족의 창조성을 뜻하기도 한다.

풍성한 변화의 상징: 4괘(卦)

태극기의 상하좌우에는 건곤감리(乾坤坎離) 4개의 괘가 있다.

원래 괘는 사서삼경 중 주역(周易)에서 나오는 것으로, 이어진 선(양:ㅡ)과 끊어진 선(음:ㅡㅡ)을 효(爻)라 하고, 이 효를 잘 배합한 것이 괘이다. 주역에서 기본이 되는 괘 8가지는 각각 자연에서 가장 근본이 되는 하늘·땅·못·불·지진·바람·물·산을 상징하고, 이것의 조합으로 자연과 인생을 설명하는 것이 주역이다.

태극기는 그중에서 가장 중요한 4가지 괘인 '하늘(乾)', '땅(坤)', '물(坎)', '불(離)'을 정해 배치했는데, 음과 양이 어울리면서 변화해 가는 우주의 모습을 상징한다. 이 4괘가 태극을 중심으로 통일의 조화를 이루고 있다.

이렇듯 우리가 무심코 바라보는 태극기에도 선조들은 세상의 이치를 담고자 하였다. 우리 선조들이 생활 속에서 즐겨 사용하던 태극 문양을 중심으로 하여 만들어진 태극기는 우주와 더불어 끝없이 창조와 번영을 기원하는 한민족의 이상을 담고 있을 뿐 아니라 나아가 인류의 행복과 평화에 이바지한다는 뜻을 품고 있다.

　따라서 무조건 우리 것보다 남의 것을 좋게 보는 사대주의 근성을 버리고, 우리의 태극기에 담긴 뜻을 알고 그 뜻을 품은 태극기를 만든 우리 선조들의 그 마음을 잘 살려 갔으면 한다. 특히 지금 이 시대에 우리 것의 참 뜻과 아름다움을 찾으려는 노력이 필요하다. 최근에 그러한 움직임이 조금씩이나마 보이는 것 같아 참으로 다행스러운 일이다.

애국가, 그리고
아리랑에 얽힌 이야기

우리나라 공식 국가로 지정된 <애국가>는 16소절의 간결하고 장중한 곡으로,
그 가사는 1900년대 초에 쓰여졌다.

해외에 나가면 누구나 애국자가 된다고들 하는데, 그래서인지 해외에서 들려오는 애국가는 국내에서 듣는 것과는 또 다른 느낌과 감흥을 주는 것 같다.

또한 각종 스포츠대회 시상식 때 올라가는 태극기와 함께 식장에 울려 퍼지는 애국가를 들으면, 당사자인 선수뿐 아니라 방송으로 지켜보는 우리들의 가슴도 찡해 온다. 바로 그 순간만큼은 대한민국 국민이라면 누구나 내가 선수가 되고, 내가 바로 대한민국이 되는 듯하다.

온 국민을 하나 되게 하는 것 중에 큰 역할을 하는 것이 '노래'인데 그중에서 나라에서 공인(公認)된 것으로 국가의식 때 불리며, 대내적으로는 국민의 단결과 화합을, 대외적으로는 나라를 상징하고 대표하는 역할을 하는 노래를 '국가(國歌)'라고 칭한다.

지금 현재 대한민국의 공식 국가(國歌)는 '애국가(愛國歌)'이다

애국가(愛國歌)

1. 동해물과 백두산이 마르고 닳도록 하느님이 보우하사 우리나라 만세
2. 남산 위에 저 소나무 철갑을 두른 듯 바람서리 불변함은 우리 기상일세
3. 가을 하늘 공활한데 높고 구름 없이 밝은 달은 우리 가슴 일편단심일세
4. 이 기상과 이 맘으로 충성을 다하여 괴로우나 즐거우나 나라 사랑하세

(후렴) 무궁화 삼천리 화려 강산 대한 사람 대한으로 길이 보전하세

그런데 엄밀한 의미에서 국가와 애국가는 조금 다르다고 하는 주장도 있다. 국가(國歌)는 한 나라를 상징하는 국가적 차원의 공식적인 노래인데 비하여, 애국가(愛國歌)는 말 뜻 그대로 나라 사랑의 정신을 담은 노래로 국가의 공인여부와는 무관하게 대중들이 애국심과 단결심을 고취하며 흥겹게 또는 결연하게 부르는 노래라는 것이다.

어찌 되었든 대한민국의 국가인 애국가의 탄생배경에 대해서 알아보자.

세계 각 국에서 국가(國歌)를 만들게 된 원인은 근대국가 체제 성립과 관련이 있다. 특히 19세기에 유럽에서 국가주의가 대두되면서 국민의식이 높아짐에 따라, 제국주의 국가들이 군주에 대한 충성심과 애국심, 그리고 자국민의 정체성을 높이기 위하여 제정하게 되었다.

대한민국은 1876년 일본과 맺은 불평등 조약인 병자수호조약 체결을 시작으로 1901년까지 미국, 독일, 영국, 이탈리아, 러시아, 프랑스, 벨기에 등 세계 열강국들과 조약을 맺어 문호를 개방하게 되었다. 문호를 개방하면서 사람들이 새로운 문물에 접하게 되어 개화에 눈을 뜸과 동시에 열강들의 약탈로 인해 애국애족 사상이 싹 트게 되었다. 이에 따라 도처에서 내용이 다른 애국가가 등장하기 시작하였다. 1896년 무렵에 학당, 무관학교, 국제회의, 교회 등에서 다양한 노래가 불려졌고, 지방에서 불린 애국가만 해도 10여 종류에 이르렀다. 이 때 불려졌던 애국가 중에 1896년 11월 21일 독립문 정초식에서 배재학당 학도들에 의해 불려진 후렴구인 "무궁화 삼천리 화려 강산 죠션 사람 죠션으로 길이 보존 답세"가 현재의 애국가로

맥을 잇고 있다.

　우리나라 공식 국가로 지정된 <애국가>는 16소절의 간결하고 장중한 곡으로, 그 가사는 1900년대 초에 쓰여졌다.
　작사가에 대해서는 여러 가지 설이 있으나 공식적으로는 미상이라고 되어 있다. 전해 내려오는 바에 따르면 작사자는 크게 윤치호 선생이라는 설과 안창호 선생이라는 설의 두 가지가 있는데, 어느쪽이 정설인지는 아직 모호하다.

1945년 7월경 윤치호가 셋째 딸 윤문희에게 전해 준 애국가 필사본

　애국가가 작사는 되었으나 작곡이 되지 않았기에 대한민국임시정부에서는 한동안 스코틀랜드 민요인 <올드 랭 사인(Auld lang syne)>에 이 가사를 붙여 애국가로 불렀다. <올드 랭 사인>은 우리에겐 작별의 노래로 알려져 있고, 졸업식 때 부르기도 했었던 그 노래다.
　"오랫동안 사귀었던 정든 내 친구여 / 작별이란 웬 말인가 가야만

하는가 / 어디 간들 잊으리요 두터운 우리 정 / 다시 만날 그날 위해 노래를 부르자~~~"

이 노래에다 "동해물과 백두산이 마르고 닳도록~~" 이렇게 붙여서 불렀었다. 나 역시 예전 어느 오래된 영화에서 애국가를 이렇게 부르는 것을 듣고 의아해한 적이 있었는데, 바로 이런 연유에서 비롯되었던 것이다.

그러다가 1935년 작곡가 안익태 선생이 빈에서 유학 중 작곡한 〈한국환상곡〉의 전주 부분에 애국가 가사를 삽입해서 불렀는데, 이것이 1948년 8월 15일 대한민국정부수립과 함께 국가로 제정되었다.

이렇게 국가로 제정된 애국가는 여러 가지 정치적 이유로 우여곡절을 많이 겪었다.

요즘이야 애국가는 스포츠 대회장이나 TV 방송이 끝나고 시작되는 시간에나 들을 수 있지만, 40대 이후의 세대들은 애국가를 자주 들었을 뿐만 아니라 부를 기회 또한 많았다.

아마 이 책을 읽는 40대 이후의 세대들은 공식 비슷한 행사에서는 꼭 불렀고, 아침조회시간에, 아침저녁으로 국기 계양식·하강식 때 그리고 특히 극장에서 영화 상영 전에 애국가가 울려 퍼지던 것을 기억할 것이다.

국기 계양식과 하강식 때는 모두가 멈춰 서 있으니 그나마 다행인데, 극장에서 애국가가 울려 퍼질 때는 그냥 앉아 있자니 그렇고 일어서기도 그렇고 참으로 애매한 순간이었던 기억이 있다. 그런데 이 극장 애국가는 언제부터 시작 되었고, 또 언제 사라진 것일까?

처음 극장에 애국가가 울려 퍼진 것은 1971년 3월 제7대 대통령선거를 두 달 앞둔 시점이었다. "애국가의 올바른 보급과 존엄성, 애국심 고취를 위해" 전국 782개 모든 공연장으로 확대하니 관객은 일제히 일어나 경의를 표하라는 문공부의 지시 이후, 극장 애국가의 역사가 시작되었다. 이는 대통령선거를 앞둔 박정희 후보가 국민들의 애국심을 고취시켜 대통령을 국가(國家)와 동일시하려는 다분히 의도적인 시작이었다. 이 역사가 무려 20년 동안이나 이어져 왔던 것이다.

처음에는 그러려니 했었으나 사람들이 애국가에 신경을 쓰지 않을 수 없는 계기가 있었으니, 바로 애국가가 연주되는데도 자리에 앉아서 담배를 피우던 한 청년이 구속되는 사건이었다.

그때부터 극장에 간 사람들은 영화상영 전에 상영되는 애국가를 그냥 흘려 들을 수가 없었다. 그러다 보니 애국가가 상영되는데 그냥 앉아 있기도 불안하고, 서 있자니 어색해서 엉거주춤한 상태로 서로의 눈치만 살피는 상황이 연출되었다. 또한 애국가를 따라 불러야 하나 말아야 하나 하는 것이 고민이었는데, 지금 생각하면 참으로 웃지 못할 고민을 했었던 시절이었다.

시작은 그렇게 했지만 문제는 전두환 정권이 집권하던 제5공화국 시절에 국민 우민화 정책으로 시작한 3S정책(Screen·영화, Sports·스포츠, Sex·섹스)에서 불거졌다. 극장에서 에로영화가 집중적으로 상영되기 시작한 것이다. 〈애마부인〉, 〈뽕〉, 〈변강쇠〉, 〈산딸기〉 등 이름만 들어도 아직까지 쟁쟁한 영화들이다. 태극기 아래 장중한 애국가를 부른 후 자리에 앉아서 에로영화를 보게 되니, 이거 참 민망하기도 하고 난감한 일이었다.

어쨌든 이후로도 찬반 논란이 많았지만, 애국가는 계속 상영되다가 군사문화, 개인의 자유를 박탈하는 획일주의, 권위주의 등등의 논란 속에서 1990년대에 들어서면서 어느 날 아무런 설명도 없이 슬그머니 역사의 뒤편으로 사라져 버린다. 이는 우리 역사의 어두운 한 단면인데, 군사독재시절 애국가를 정치적으로 활용한 예라고 볼 수 있겠다.

그 시절 황지우 시인의 『새들도 세상을 뜨는구나』라는 시는 극장 애국가 상영 당시의 모습을 잘 보여 준다. 이 시는 군사 정권의 폭압적인 정치 속에서 숨죽이고 살던 암울한 고통스런 시절을 표현했다.

"이 세상 밖 어디론가 날아갔으면" 하는 마음을 표현하고 있으나 마지막 '주저앉는다'로 마무리하면서, 자유를 갈망하지만 결국 주저앉을 수밖에 없는 현실에 대한 시인의 깊은 절망감을 보여 준다.

이러했던 애국가는 세월의 흐름에 따라 또 한 번의 우여곡절을 겪는다. 2003년에 한국음악저작권협회에서 두 개의 프로축구구단을 고소하는 특이한 일이 생겼다. 그 이유인즉슨 프로축구경기에서 애국가를 무단으로 사용하였다는 것이었다.

이 발표를 들은 사람들은 깜짝 놀랐다. 경기장에서 애국가를 불렀다고 고소를 당하다니, 이 무슨 말도 안 되는 소리란 말인가?

이런 문제가 발생된 이유는 애국가가 대한민국을 대표하는 국가(國歌)이긴 하지만 저작권이 국가에 귀속되지 않고 있었기 때문이다. 애국가의 저작권을 안익태의 유족이 가지고 있었고, 이에 따라 유족들은 1992년부터 한국음악저작권협회를 통해 저작권료를 받고 있었다.

당시 이 문제는 상당한 국민적인 논란을 불러일으켰다. 이후 정부에서는 애국가의 저작권을 나라에서 사들이는 것에 대한 활발한 논의가 일어났는데, 다행히 2005년 안익태의 부인인 로리타안이 저작권을 기증함으로써 논란은 종결되었다.

예전에 학교 조회 때마다 애국가를 불렀고, 그때마다 늘 귀찮다는 생각을 많이 했었다. 그리고 각종 행사 때면 늘 부르던 애국가를 지금은 대부분 그냥 넘어가는 경우가 많고, 때로는 공식행사에도 정치적인 이유로 생략하기도 한다.

물론 너무 군국주의적인 냄새, 민족주의적인 냄새, 권위적인 냄새가 난다고 하기도 하지만 2002년 월드컵 때 태극기를 다양한 형태로 만들어서 응원했듯이 애국가도 우리 국민들이 더 다양하게 접근할 수 있도록 하면 어떨까 하는 생각이 든다.

태극기는 우리나라 권위의 상징이기에 함부로 다루면 안 된다고 생각을 해왔는데, 2002년에는 태극기로 보자기를 만들어 머리에 쓰기도 하고 옷으로 만들어 입기도 하고 볼에다 그리는 등 다양한 형태로 등장했다. 우리 국민들의 창의성과 다양성, 열정을 보여주었던 예라고 할 수 있겠는데, 그럼으로써 태극기가 권위적이고 멀리만 있던 게 아니라 더 가깝고 친근하게 느껴졌었다.

애국가도 그런 식으로 우리 한국인들의 창의성을 보탠다면, 2002년의 태극기처럼 더 가깝고 친근하게 와 닿을 수 있지 않을까 생각해 본다.

또 하나의 애국가(愛國歌) 아리랑!

잘생긴 외모에 놀라울 정도로 뛰어난 가창력까지 갖추고 있어 '성악계의 F4'로 불리는 비바보체(루이, 구노, 이엘, 테리)!

이들은 유럽에서 1,000대 1의 경쟁률을 뚫고 선발될 만큼 실력 있는 젊은이들이지만, 우리나라에는 거의 알려지지 않았다가 2008년 〈스타킹〉이란 TV 프로그램에 나와 클래식의 대중성을 알리며 '뉴클래식'이란 장르를 선보이면서 인기를 끌기 시작했다.

이 젊은이들이 유럽에 있을 때의 일이다. 이탈리아의 한 성당에서 아리랑을 부르는데, 한 백발의 노신사가 와서 묻더라는 것이다. "그 노래가 무슨 노래냐? 작곡가가 누구냐?" 등등…….

그 백발의 노신사가 바로 현존하는 세계 3대 작곡가 중 1명으로 불리는 레나토 세리오이다. 레나토 세리오는 안드레아 보첼리나 사라브라이트만의 음악을 작곡한 사람인데, 이분이 비바보체의 아리랑을 듣고 반해서 이들을 후원하기 시작했고, 함께 1집 앨범을 내고 우리나라에도 방문했다.

레나토 세리오

2010년 9월 13일, SBS에서 방영된 〈SBS 스페셜〉 '아리랑의 숨겨진 이야기고개' 편을 보면 우리의 노래 아리랑이 전 세계 많은 사람들에게 사랑 받고 불리는 것을 알 수 있다.

세계 취주악대회에서 1등을 수상한 아리랑!

그런데 이것은 우리나라 팀이 아니고 일본에서 구성된 팀들이 올린 성과이다. 10년 전 한국 여행에서 우연히 아리랑을 듣고 매료된 아오모리현의 카시와시립고등학교의 교사인 이시다 슈이치 씨는 한국에서 아리랑을 직접 배워, 자신의 학교 학생들에게 아리랑 연주를 시키기 시작했다.

다양한 장르로 편곡한 아리랑과 부채춤, 장구, 상고 돌리기에 일본 악기까지 더해진 카시와고등학교 오케스트라단은 일본 고등학교 전국대회 우승은 물론, 세계 취주악대회에서 1등을 수상하였고, 한해 70여 차례 전국순회공연을 하는 유명 오케스트라단이 됐다.

이시다 슈이치 씨는 이렇게 말한다.

"아리랑은 어떤 문화와도 융합될 수 있는 특징을 가지고 있습니다. 그와 같은 문화가 훌륭하면 훌륭할수록 다른 문화와 융합할 수 있어요."

아리랑을 부르는 일본 민주당 국회의원 기나 쇼키치!

'노래를 통해 세상을 바꾸겠다'고 국회의원이 된 가수 기나 쇼키치는 선거유세 때만 되면 아리랑을 부른다.

"아리랑은 아름답고 깨끗한 노래예요. 아리랑을 부르면 마음이 굉장히 깨끗해지죠. 그리고 아이도 노인도 다 같이 즐길 수 있는 음악이라 생각해서 부릅니다."

아리랑을 연주하는
카시와고등학교 오케스트라단

기나 쇼키치

아리랑을 찬송가로 부르는 미국의 한 교회   에밀리 브링크(미국 찬송가 편찬위원)

미국의 한 교회에서 울려 퍼지는 아리랑!

우리 민족을 대표하는 노래 아리랑이 어떻게 세계인들이 함께 부르는 찬송가가 되었을까?

아리랑은 〈Christ, You Are the Fullness〉라는 제목으로 1990년에 미국 연합장로교회에서 발간하는 찬송가집에 수록되었다. 칼빈대학의 버트 폴먼 교수가 찬송가 편찬 위원회에 직접 작사한 찬송가 아리랑을 제출했는데, 이것이 채택되었기 때문이다.

당시 후보곡만 3천여 곡이 있었고, 새로운 찬송가로 책에 실리는 것은 무척이나 힘든 상황이었는데도 버트 폴먼 교수가 제출한 아리랑, 미국과 캐나다 전역에서 모인 편찬 위원회 12명 전원의 찬성을 이끌어 냈다. 미국 찬송가 편집 위원인 에밀리 브링크는 "아리랑은 정말 아름다운 곡입니다. 이제 이 노래는 많은 이들이 즐기는 유명한 찬송가가 되었지요. 이미 이 곡은 세계적인 노래가 되었답니다."라고 말했다. 아리랑이 찬송가로 채택된 이유는 '정말 아름다운 곡'이기 때문이다.

조지 윈스턴   지오바니 미라바시

〈December〉의 작곡가이자 피아니스트인 조지 윈스턴!

그는 "아리랑은 워낙 멜로디가 아름다운 곡이기 때문에 설명이 필요 없다."고 한다.

이탈리아의 세계적인 재즈 피아니스 지오바니 미라바시는 "하지만 이런 곡일수록 연주하기는 더 어렵죠. 제가 찾은 것만 해도 수백여 개의 버전이 있었어요. 정말 좋은 연주들이 많죠."라고 말한다.

이렇듯 세계적인 음악가들이 우리의 노래 아리랑을 좋아하고 연주하는 이유가 무엇일까? 우리가 흔히 알기로는 아리랑은 남녀간의 치정에 얽힌 노래, 한(恨)의 이미지라고 알고 있다. 그런데 아리랑에 깊은 철학이 담겨있다는 주장이 있다.

사람도 자기만의 확고한 중심철학이 있는 사람을 보면 왠지 끌린다. 그처럼 아리랑도 그 안에 깊은 철학이 있기에 세계적인 작곡가들과 연주가들이 자신도 모르게 끌린다는 것이다.

그렇다면 아리랑의 철학에 대해서 한번 알아보자.

아리랑의 뜻을 한자로 풀이해보면 '나 아(我), 이치 리(理), 즐거울 랑(朗)'으로 '참 자아를 깨닫는 즐거움, 참 나를 아는 즐거움'이란 뜻으로 해석된다.

아리랑*

아리랑 아리랑 아라리요
아리랑 고개*를 넘어간다.
나*를 버리고 가시는 님은
십* 리도 못 가서 발병 난다.

아리랑의 가사 속에 담긴 해석은 아래와 같다.

나를 깨닫는 기쁨이여~ 나를 깨닫는 기쁨이여!
나를 깨닫는 기쁨의 고개를 넘어가는구나.
참 나를 알지 못하고(깨닫지 못하고) 가는 사람은
인간완성(깨달음)에 이르지 못한다.

– 이승헌, 『우리말의 비밀』

이러한 깊은 깨달음의 철학이 숨어져 있다고 말한다.

---

* 아리랑(我理朗) : 참 나를 아는 밝음(즐거움)
* 아리랑 고개 : 깨달음의 언덕, 인간완성의 길
* 나 : 참 나[眞我]
* 십(十) : 조화 · 화합 · 완성

〈SBS 스페셜〉에서는 말미에 "아리랑에 드리운 한의 이미지가 사라질 때 아리랑은 진정 살아 숨쉬는 우리의 노래가 될 것이다."라며 끝을 맺는다.

우리는 가슴 뜨거웠던 2002년을 잊지 못한다. 그 2002년에 윤도현 씨가 아리랑을 부름으로써 아리랑은 그동안의 '한(恨)'의 이미지에서 '열정(熱情)'의 이미지로 한 단계 도약했다. 이제 아리랑이 '깨달음'의 이미지로 한 단계 더 도약한다면, 아리랑은 정말 진정한 우리의 노래가 되지 않을까?

우리 아리랑에 이런 철학이 있다 보니, 김기덕 감독이 2012년 69회 베니스 국제영화제에서 피에타로 최우수작품상인 황금사자상을 수상하고 난 후 답가(答歌)로써 아리랑을 불렀다. 그리고 드디어 2012년 12월, 우리의 아리랑이 유네스코에 무형문화재로 등록되었다.

> 이번 등재에 따라 아리랑의 다양성이 무형 유산 전반의 가시성 향상과 문화 다양성 및 인간 창의성의 제고로 이어질 것이다.
> – 유네스코, 2012.12.

이 정도면 우리의 아리랑이 무형유산으로 충분히 등재될 만하지 않은가?

그런데 문제가 있다. 유네스코에서 아리랑을 세계인류무형문화유산으로 지정했는데, 정작 우리나라에선 아리랑이 아직도 무형문화재가 아니라는 점이다. 2015년 1월 현재 문화재청에 등록되어 있는 국가지정 중요무형문화재 목록 153개 중에 아리랑은 없다. 중국에서 진작에 무형문화재로 등록을 해버렸는데 말이다. 전수자가 있어야 무형문화재로 지정된다는 법도 문제가 있지만, 정선·밀양·진도 등 지방자치단체 간 아리랑의 원조를 두고 혼선을 빚고 있기 때문이라는 것이다.

참으로 어처구니가 없는 일이다. 중국이 아리랑을 유네스코 세계문화유산으로 등재하려 한다고 해서 온 나라가 시끄러웠었는데, 아이러니하게도 정작 우리나라에서는 아리랑이 무형문화재로 지정을 받지 못하고 있는 상황이다. 처음 무형문화재 지정을 발의한 한 의원이 상임위가 바뀌는 바람에 이젠 아무도 그 법안에 관심을 가지는 의원이 없다는 것이다.

지금 유네스코 본부는 몇몇 강대국의 지원이 끊기다 보니 파산위기에 몰려 있고, 이 시기를 놓칠세라 중국은 엄청난 지원금을 쏟아붓고 있다. 이런 상황이라면 앞으로 유네스코에서 중국의 입김이 강해질 것이라는 것은 불 보듯이 뻔한 일인데, 이러다 우리는 또 '소 잃고 외양간 고치는 일'을 되풀이하지 않을까?

이런 문제에 대해 우리는 정치하는 분들만 문제 삼을 것이 아니고 스스로를 돌아보아야 할 때가 아닌가 한다. 우리는 일이 생겼을 때만 부글부글 끓다가 시간이 지나면 금방 잊어버리는 습성이 있다.

다른 나라 사람들은 이렇게 좋아하는 아리랑의 아름다움을 정작 우리들은 잘 모르기도 하거니와 별 관심이 없다. 우리 스스로가 우리 것의 가치를 제대로 모르고 있고, 그러다 보니 외국인들도 우리 문화에 관심이 없을 거라 지레짐작하기 때문이다.

요즘은 스토리텔링의 시대이다. '5천 년의 유구한 역사'라고 말로만 끝낼 것이 아니라, 우리의 것에 관심을 가지고 발굴해서 전 세계에 알리는 작업이 필요하다.

CHAPTER

05

아름다운 우리 꽃,
무궁화

무궁화는 우리 민족과 그 시원을 함께하는 꽃이다. 국혼을 상징하며 건국 초기부터 천지화·환화·훈화·근수 등의 이름으로 불리며 5천 년 넘게 사랑을 받아 왔던 꽃으로 무궁화가 우리 민족과 깊은 관련이 있다는 것은 고대 기록에도 남아 있다.

국화(國花)는 '그 나라를 대표하는 꽃'으로 불리는데, 대부분의 나라에서는 자기 나라의 역사와 문화적 배경과 깊은 관련을 가진 꽃을 국화로 정한다.

영국은 잉글랜드를 대표하는 장미, 중국은 매화 또는 모란이 국화라고 알려져 있고, 일본도 일반적으로 국화(菊花) 혹은 벚꽃(벚나무)이라고 알려져 있지만 공식적으로 정해진 국화는 없다. 방울꽃은 스웨덴과 핀란드의 국화이며, 에델바이스는 스위스와 오스트리아 그리고 네덜란드의 국화는 튤립이다.

우리나라의 국화(國花)는 무궁화(無窮花)다.

무궁화

'무궁화' 하면 여러 가지 생각이 떠오르는데, 어릴 적 기억으로는 '무궁화 꽃이 피었습니다'라는 술래잡기가 생각이 나고,

국민학교 시절에는 "무궁화 무궁화 우리나라 꽃 / 삼천리 강산에 우리나라 꽃"이라는 노래를 불렀던 기억이 난다.

좀 더 학년이 올라가서는 이런 노래를 불렀다. "무궁무궁 무궁화, 무궁화는 우리 꽃 / 피고 지고 또 피어 무궁화라네~" 선생님의 풍금 반주에 맞춰 불렀던 이런 노래들은 순수하고 맑기만 했던 코흘리개 시절의 아련한 옛 향수를 떠올리게 한다. 애국심이나 무궁화에 대한 개념도 없이 그냥 음악 선생님이 좋았고, 풍금 소리가 신기하고 듣기 좋아서 따라 불렀던 시절이다.

좀 더 나이가 들어서 삶의 의미를 찾고, 정체성에 대해서 고민하던 시절 들었던 노래가 심수봉 씨의 노래 〈무궁화〉였다. 한참 국학에 대해서 공부하고 민족에 대해서 고민하던 시절, 심수봉 씨의 이 노래를 처음 듣고는 온몸에 전율을 느꼈다. 어떻게 이런 노래를 만들었을까?

무궁화

작사, 작곡, 노래 심수봉

이 몸이 죽어 한 줌의 흙이 되어도
하늘이여 보살펴 주소서 내 아이를 지켜 주소서
세월은 흐르고 아이가 자라서
조국을 물어오거든
강인한 꽃 밝고 맑은 무궁화를 보여 주렴
무궁화 꽃이 피는 건 이 말을 전하려 핀단다
참으면 이긴다 목숨을 버리면 얻는다
내일은 등불이 된다 무궁화가 핀단다

날지도 못하는 새야 무엇을 보았니
인간의 영화가 덧없다 머물지 말고 날아라
조국을 위해 목숨을 버리고
하늘에 산화한 저 넋이여
몸은 비록 묻혔으나 나라를 위해 눈을 못 감고
무궁화 꽃으로 피었네 이 말을 전하려 피었네
포기하면 안 된다 눈물 없인 피지 않는다
의지다 하면 된다 나의 뒤를 부탁한다

이 노래를 듣고 가사를 새기면서 가슴 벅차 오르는 감동의 눈물을 흘렸었다. 지금도 심수봉 씨의 애절한 목소리로 들려오는 이 노래를 들으면 가슴이 뜨거워진다. 참으로 대단한 노래다.

우리의 꽃 무궁화(無窮花)!
그렇다면 다른 수많은 아름다운 꽃 중에서 왜 하필이면 무궁화가 우리 민족의 꽃이 된 것일까?
필자는 나라꽃 무궁화에 대해 강의를 할 때마다 먼저 질문을 던진다.

"여러분은 나라의 꽃, 우리 국화인 무궁화를 좋아합니까?"

그러면 몇몇 분은 "예!"라고 대답을 하지만, 많은 사람들이 머뭇거린다. 그러면 다시 한 번 질문을 던진다.

"무궁화 하면 어떤 이미지가 먼저 떠오르세요?"

그러면 젊은 사람들은 잘 모르겠다는 반응이고, 나이 드신 분들은 기다렸다는 듯이 '진딧물이 많이 끼는 지저분한 꽃', '화장실 옆에 심는 꽃', '무궁화는 오래 보기만 해도 눈에 핏발이 서거나 눈이 먼다', '몸에 닿기만 해도 부스럼이 생긴다'는 등 좋은 이미지보다는 나쁜 이미지가 주를 이룬다.

그렇다면 이상하다. 왜 우리 조상들은 그 많고 많은 꽃 중에서 하필 좋은 것이라고는 하나도 없는 꽃인 무궁화를 국화(國花)로 정했던가? 그것에 대해서는 아무도 의문을 제기하지 않는다. 차라리 무궁화의 부정적인 이미지가 있어서 '싫다'고 한다면 그것은 관심이라도 있다는 뜻이지만 의문을 제기하지 않는다는 것은 관심조차도 없다는 것인데, 사실 이게 더 큰 문제다.

우리의 꽃인 무궁화에 대해서 우리는 왜 이리 무관심한가? 그리고 왜 부정적인 이미지가 이렇게 강한가? 이 부분에 대해서는 누구나 짐작하겠지만, 나라를 일제에 빼앗기면서 우리의 꽃 무궁화의 수난이 시작되었고, 일제의 철저한 세뇌작업에 의해서 자신도 모르는 사이에 무궁화가 우리의 관심에서 멀어지기 시작했다. 어쩌면 그 영

향으로 우리가 무궁화에 대해서 너무나 잘못된 시각을 가지게 된 것은 아닐까? 우리의 꽃인 무궁화에 대해서 한번 알아보자.

무궁화는 우리 민족과 그 시원을 함께하는 꽃이다. 국혼을 상징하며 건국 초기부터 천지화·환화·훈화·근수 등의 이름으로 불리며 5천 년 넘게 사랑을 받아 왔던 꽃으로 무궁화가 우리 민족과 깊은 관련이 있다는 것은 고대 기록에도 남아 있다.

> 군자의 나라가 북방에 있다. …… 훈화초(무궁화)라는 식물이 있는데 아침에 나서 저녁에 죽는다.(君子國在其北 …… 有薰(堇)花草 朝生夕死).
> — 『산해경(山海經)』

『단군세기』에 따르면, 신라시대의 화랑도는 원래 고조선의 천지화랑에서 유래되었으며 신라의 화랑들은 천지화랑들처럼 무궁화 꽃을 머리에 꽂고 다녔다고 한다.

삼국시대와 통일신라시대에는 우리나라를 "무궁화의 나라"라고 불렀다. 그래서 최치원은 당나라에 보내는 국서에 우리 스스로를 '무궁화 근(槿)'자를 써서 '근역(槿域)', '근화향(槿花鄕)'이라고 표기하기도 했고, 『구당서(舊唐書)』에도 '근화향(무궁화의 나라)'이라는 명칭이 등장한다.

조선시대에는 우리나라를 무궁화가 많은 땅이라는 뜻으로 '근역(槿域)'이라는 명칭이 자주 쓰였고, 임금님이 장원 급제자에게 하사하는 '어사화(御賜花)*'로 불리기도 했다. 그런데 요즘 TV 드라마를 보면 고증이 잘못되다 보니, 어사화로 개나리꽃을 꽂고 나오는 모습이 방영되기도 한다. 임금을 모신 가운데 베풀어지는 연회에 신하들이 사모에 무궁화를 꽂았는데, 이를 '진찬화(進饌花)'라 하였다.

무궁화의 꽃말은 일편단심(一片丹心)인데, 무궁화의 꽃말에 얽힌 이야기는 다음과 같다.

옛날 어느 지방에 매우 아름다운 여인이 살고 있었다. 얼굴뿐만 아니라 마음씨도 곱고 글과 노래에도 두루 능통했다. 그녀에게는 앞 못 보는 남편이 있었는데 두 사람의 금슬이 아주 좋았다. 그래서 여러 남자들이 재물과 권세를 앞세워 여인에게 접근을 하였지만 그녀는 어떠한 유혹에도 넘어가지 않았다.

그녀에게 구애를 하던 사람 중에는 고을의 성주가 있었다. 그는 여인에게 여러 차례 간청을 해도 말을 듣지 않자 그녀를 강제도 잡아들였다. 수 차례의 위협과 협박에도 여인이 굴하지 않자 화가 난 성주는 그녀의 목숨을 빼앗고 말았다. 나중에 그 사실을 안 남편은 사랑하는 아내의 주검을 찾아와 집 뜰에 묻었는데, 그 자리에서 싹이 돋고 꽃이 피기 시작하였다. 이 꽃은 순식간에 그 집 뜰을 둘러싸 남편을 품에 안고 보호하는 것처럼 보였다. 한 여인의 영원한 일편단심을 담고 피어난 이 꽃이 바로 무궁화이다.

무궁화는 잎 · 씨 · 꽃잎 모두가 식용으로 사용된다. 그래서 우리 조상들은 봄철에 무궁화 잎을 따다 나물로 무쳐 먹거나 국을 끓여

---

*어사화(御賜花) : 조선시대 과거에 급제한 사람에게 임금이 하사하던 종이 꽃

먹기도 했으며, 의학서인 『동의보감』이나 『본초강목』에는 무궁화의 뿌리와 줄기 · 잎 · 열매 모두는 약재로 사용된다고 기록되어 있다. 또한 우리 조상들은 무궁화를 논 · 밭가에 심어서 병해충을 쫓는 데 사용하기도 했다.

무궁화가 국화냐 아니냐 하는 데는 약간의 논란이 있다. 1949년 10월 대통령 휘장을 비롯하여 3부의 휘장을 모두 무궁화로 제정했기 때문에 국화로 인정되고 있는 것이지, 법률로 국화를 정하지 않았기에 무궁화는 아직 국화가 아니라는 것이다. 그래서 법적으로 무궁화를 국화로 지정해야 한다고 주장하는 분들도 꽤 있다.

그러나 그런 논란에도 불구하고 우리는 무궁화를 우리의 '나라꽃'으로 부르는 데 별다른 거부감을 느끼지 않는다. 그 이유는 무궁화에 우리 민족의 정서가 진하게 배어 있기 때문이다. 특히 일제 강점기에 싹튼 민족의식이 일제에 의해 탄압을 받던 무궁화를 우리의 국화로 받아들이게 만들었다.

일제의 침략야욕이 극에 이르던 1907년, 우리의 민족의식을 고취하고자 애국가 가사에 "무궁화 삼천리 화려강산 대한 사람 대한으로 길이 보전하세."라는 구절을 넣음으로써 무궁화는 명실공히 나라꽃이 되었다.

세계의 여러 나라 중에서 국민들에 의해 나라의 꽃이 정해진 경우는 무궁화가 유일하다고 한다. 리처드·러트 씨는 구한말 20년 이상이나 한국에서 살았던 영국성공회 신부이다. 이분이 한국의 전통문화와 풍습을 기록한 『풍류한국(風流韓國)』에 보면, "영국, 프랑스, 중국 등 세계의 모든 나라꽃은 황실이나 귀족의 상징이 나라꽃이 되었는데, 유일하게 한국만이 국민의 꽃이 나라의 꽃으로 정해졌다. 한국에는 황실의 꽃인 이화꽃(배꽃)이 있었음에도 민중의 꽃인 무궁화가 나라의 꽃으로 정해진 것이다" 라고 극찬한 바 있다.

특정식물이 민족의 이름으로 수난을 겪은 경우 또한 무궁화가 유일하다. 무궁화처럼 우리 민족의 정서를 잘 대변하는 꽃도 드물 뿐아니라, 무궁화는 우리 민족과 운명을 같이하여 국민들의 사랑을 받았다. 이 때문에 일제는 민족정신을 말살시키고자 하는 일환으로 이 무궁화에 박해를 가했는데, '진딧물이 많이 끼는 지저분한 꽃', '화장실 옆에나 심는 꽃', '오래 보기만 해도 눈에 핏발이 서거나 눈이 먼다', '몸에 닿기만 해도 부스럼이 생긴다'고 하여 멀리하도록 가르쳤다.

그리고 무궁화를 심지 못하게 함은 물론이고, 심어진 무궁화 마저 캐내도록 하고 그 자리에는 벚꽃나무를 심도록 했다. 심지어 무궁화를 캐어 오는 학생들에게는 상을 주는 등 아주 비열한 방법으로 탄압을 가하면서 일본식민지화 정책을 강화해 나갔다.

그러나 무궁화에 대한 박해가 심해지면 심해질수록 우리 조상들은 무궁화를 더 소중히 여기면서 무궁화를 살리고자 노력하였다. 국권이 상실되던 해 9월, 애국지사 황현(1855년~1910년)은 스스로 목숨을 끊으면서 다음과 같은 『절명시』를 남겼다.

> 짐승도 슬피 울고 강산도 슬픔에 젖었네.
> 무궁화 이 강산이 이젠 침몰되어 버렸네.

김좌진 장군은 "삼천리 무궁화 땅에 왜놈이 웬일인가?"라고 부르짖으며 조국광복을 애타게 기원하였고, 이 땅의 여인들은 우리나라의 지도 위에 8도를 상징하는 여덟 송이의 무궁화를 수놓으며 광복의 그 날까지 민족정신을 심어 나갔다.

무궁화를 통해 민족의식과 애국심을 확산시키고자 '무궁화 동산 꾸미기' 운동을 전개하신 분이 계신데, 바로 한서 남궁억 선생이다.

우표   남궁억(1863년~1939년)

무궁화의 고장 홍천

남궁억 선생은 구한말과 일제강점기에 독립운동가 · 언론인 · 교육
자로 평생을 나라사랑과 독립운동에 헌신하신 분이다. 애국 계몽 운
동가였던 선생은 우리의 꽃 무궁화를 잊지 않게 하기 위해서 학생들
에게 명주에다 우리나라 지도를 그려 놓고, 각 도마다 한 개씩 무궁
화를 수놓게 하였다.

우리나라 8도를 수놓은 무궁화 수본

1918년 강원도 홍천의 보리울
(모곡) 마을로 내려간 남궁억 선
생은 학교를 세우고 후진양성에
온 생애를 바치셨으며, 학교 실
습장 내에 뽕나무로 위장한 어린
무궁화묘목을 심어 전국에 무궁
화나무를 보급하는 데 힘썼다.

이뿐만 아니라 〈무궁화 동산
〉이라는 노래를 지어 학생들과
마을 사람들에게 가르치기도 하
셨다. 〈무궁화 동산〉과 무궁화
나무 보급을 통해 민족광복운동을 하던 중 이를 뒤늦게 알아차린 일
본 경찰에 의해 1933년 모곡학교가 강제로 폐교되고, 무궁화나무 7만
여 그루도 불태워졌다. 이를 '무궁화 사건'이라고 하는데, 이 일로 남
궁억 선생은 투옥되고 말았다. 남궁억 선생은 일제강점기에 5차례나

옥살이를 했는데, 이 무궁화 사건으로 투옥되었던 74세 때는 옥중에서 병을 얻기까지 했다. 그 해 병 보석으로 풀려나기는 했지만, 옥중에서 심한 고초를 겪은 뒤라 결국 77세가 되던 해인 1939년에 세상을 떠났다.

　홍천군에서는 그런 남궁억 선생의 뜻을 기려 매년 여름 '무궁화 축제'를 열고 있다. 현재 모곡리에는 한서 남궁억 선생의 기념관이 있다.

〈무궁화 동산〉

　　　　　　　　　　　　　　　　　　　　　－ 남궁억

　우리의 웃음은 따뜻한 봄바람
　춘풍을 만난 따뜻한 동산
　우리의 눈물이 떨어질 때마다
　또다시 소생하는 이천만

빛나거라 삼천리 무궁화 동산
잘 살아라 이천만의 고려족
백화가 만발한 무궁화 동산에
미묘히 노래하는 동무야
백천만 화초가 묘은 것 같이
즐거워라 우리 이천만

이렇듯 우리 선조들의 보이지 않는 노력에 의해 무궁화는 온갖 박해 속에서도 살아남았다.

나라의 꽃(國花)임에도 불구하고 우리나라에서 사랑 받지 못하는 것과는 달리 이 무궁화는 유럽에서는 아주 아름다운 꽃으로 사랑 받고 있다. 무궁화의 영어 이름은 'THE ROSE OF SHARON(샤론의 장미)'이다.

구약성경 아가서 2장 1절에 보면 "나는 샤론의 장미요 골짜기의 백합화로다."라는 구절이 있다. 그리고 찬송가 89장 4절에는 다음과 같은 구절이 있다.

샤론의 꽃 예수 길이 피소서
주의 영광 이 땅 위에 가득해
천하만민 주님 앞에 엎드려
경배하며 영광 돌릴 때까지
예수 샤론의 꽃 나의 맘에 사랑으로 피소서

Jesus, Rose of Sharon, bloom forever more,
Be Thy glory seen on earth from shore to shor,
Till the nations own Thy Sovereignty complete,
Lay their honors down and worship at Thy feet.
Jesus, Rose of Sharon, Bloom in radiance and in love with
my heart

이처럼 샤론의 장미는 무궁화이며, 바로 예수 그리스도를 뜻하는
꽃이기도 하다.

또한 중국의 사서에도 무궁화를 칭송하는 글들이 많이 나와 있다.
중국의 『시경(詩經)』에는 "안여순화(顔如舜華)"라는 말이 있다. "얼굴
이 무궁화 꽃처럼 아름답다."는 뜻으로, '매우 예쁜 여인'을 가리키
는 말이다.

당나라의 시선 이백은 무궁화에 대해 극찬을 아끼지 않았는데,

뜨락 꽃들이 아무리 고와도
연못가의 풀들이 아무리 예뻐도
무궁화의 아름다움은 따르지 못하네.
섬돌 옆 곱고 고운 무궁화 꽃이여

라고 노래했다.

중국 진나라의 부함 역시 무궁화 예찬을 서슴지 않았다.

봄이 오면 새싹이 돋아나고
여름이 짙을수록 꽃 송이 피어나네

어여쁜 실 가지 벌여 놓고
타오르듯 피어난 저 꽃 송이

빨간 빛 꽃송이 보랏빛 꼭지
푸른 잎 한 줄기

햇살 속에 무리 지어
하늘의 별처럼 아름답구나.

당나라의 대 시인인 백거이는 "근화일일영(勤花一日榮: 무궁화 꽃은 하루의 영화로 만족해한다)"이라고 썼다. 이외에도 무궁화에 대한 예찬은 끝이 없다.

무궁화는 잘 키우면 가로수로도 키울 수 있는데, 우리나라에 무궁화 가로수는 거의 없다. 주로 은행나무나 벚나무가 가로수로 서 있다.

그런데 로마 시내에 가면 잘 뻗은 무궁화가 가로수로 서 있고, 파리의 에펠탑 밑에도 무궁화가 피어 있다. 우리나라에도 방방곡곡에 무궁화 가로수가 웅장한 자태로 서 있는 날을 기대해 본다.

남원군 산동면 최태봉씨 앞마당에 있는 둘레 82cm의 거목 무궁화

이런 큰 거목 무궁화를 키운 이 집안의 어르신은 어떤 마음으로 이 무궁화를 키웠을까? 이런 큰 무궁화 나무가 동경시내 한복판에, 그리고 중국의 자금성 한복판에 서 있다면, 이 무궁화를 보는 우리 아이들의 마음이 어떠할 것인가? 우리나라에도 이런 무궁화는 별로 없다. 우리가 찾아야 할 소중한 우리의 꽃이다.

우리가 모르는 또 하나의 사실이 있는데, '무궁화 많이 피어 있는 곳' 하면 금방 떠오르는 곳이 없다. 그런데 '벚꽃 많이 피어 있는 곳' 하면 누구나 쉽게 진해, 전주·군산가도, 창경궁, 여의도, 쌍계사, 경주를 떠올린다. 이러한 곳에 왜 이리 많은 벚꽃들이 피어 있을까?

진해는 러일전쟁에서 일본이 승리한 기념지다. 전주는 호남평야 곡물 수탈지역이며, 창경궁은 한나라의 궁을 '창경원'이란 동물원으로 만들어 버린 천인공노할 짓을 벌인 곳이다.

그런데 여기서 우리는 중요한 사실을 한 가지 알아야 한다. 그것은 바로 지금 이 곳에 피어 있는 이 벚꽃은 예전의 일제시대 때의 벚꽃이 아니라는 점이다.

　일제강점기 한반도 곳곳에 심어졌던 벚꽃은 광복 이후 일본 제국주의를 상징한다고 해서 무참히 베어져 나갔다. 수십 년간 일제의 침략에 고통 받던 조선인들의 분노였다. 그렇다면 지금 그 자리에 피어 있는 벚꽃은 어찌된 일인가? 바로 벚꽃으로 위장한 일제의 식민지 향수라는 것이다.

　1960년대 중반 벚꽃은 부활했는데, 바로 베어져 나간 그 자리에 다시 심어졌다. 이 벚꽃이 부활하는 데 일본인들이 적극 개입했다. 일본인들은 일본산 개량종묘목을 비행기로 실어 날라 기증했고, 수차례 방한해 직접 비료를 주는 등 정성을 쏟았다. 당시 그 비싼 비행기삯을 물어 가면서 일본인들이 개량종 묘목을 보낸 이유가 무엇인가? 그 사실에 대해서 우리가 바르게 인지해야 할 필요가 있다.

벚꽃 묘목 보내기에 협력한 기업과 개인

조선 마지막 총독 아베 노부유키

일본이 항복을 했을 때, 일본의 마지막 총독이었던 아베 노부유키가 우리나라를 떠나면서 한 말이다.

> 우리는 패했지만 조선은 승리한 것이 아니다.
> 장담하건대, 조선민이 제정신을 차리고 찬란하고 위대했던 옛 조선의 영광을 되찾으려면 100년이라는 세월이 훨씬 더 걸릴 것이다.
> 우리 일본은 조선민에게 총과 대포보다 무서운 식민교육을 심어 놓았기 때문이다. 결국 조선인들은 서로 이간질하며 노예적 삶을 살 것이다. 보라!
> 실로 조선은 위대했고 찬란했지만 현재 조선은 일본 식민 교육의 노예로 전락했다. 나는 다시 돌아올 것이다.

뭔가 섬뜩한 예언 아닌가?

벚꽃은 예쁘고 참 아름답다. 나 역시 봄만 되면 이 벚꽃에 설레기도 한다. 그렇지만 아름다운 벚꽃을 즐길 땐 즐기더라도 사실은 바로 알아야 한다. 일제가 무궁화에 대해서 덮어 씌우려 애를 쓴 악의적 이미지는 아직도 진행 중이다.

무궁화를 진딧물이 좋아하는 것은 사실이지만, 이는 무궁화만의 문제가 아니다. 모든 식물들은 병충해가 있기 마련이다. 필자는 어릴 적 집안에서 과수원을 했기에 이 진딧물에 대해서 잘 알고 있는데, 특히 과수원은 진딧물이 많아서 열흘에 한 번 정도 약을 쳐야 할 만큼 심하다. 전 세계인들로부터 사랑 받는 장미는 무궁화보다 더 많은 병충해가 들끓고, 일본 황실의 꽃이라 일컬어지는 국화도 악성 진딧물이 꼬이지만 일반인에게는 많이 알려져 있지 않다.

무엇이든 좋게 보려고 하면 애정이 생기게 마련이고, 결점을 찾아 내고 흠집을 내고자 하면 안 좋은 점만 보일 수밖에 없다. 우리의 무 궁화도 마찬가지이다. 영국의 국화인 장미도 좋게 보니 미화하게 하 게 되고 긍정적인 이미지로 인해 품종 개량이 꾸준히 이어지면서 더 좋은 제품이 나오게 된 것 아니겠는가? 이젠 세계적으로 사랑 받는 꽃이 된 장미의 품종은 현재 상업적으로 거래가 되는 품종만 1만 5 천여 종이 넘는다고 한다. 오랜 세월 품종 개량을 거쳐 수많은 종류 의 아름다운 장미가 탄생한 것이다. 사람과 마찬가지로, 꽃도 가꾸 기 나름이다. 우리의 무궁화라고 그리 되지 말라는 법이 없지 않겠 는가?

실제 그런 일을 하고 계신 분들이 있다. 그분들 중 한 분이 심경구 성균관대 조경학과 명예교수인데, 무궁화 350그루를 모아 대학 캠 퍼스에 한반도 지도를 만들어 내는 등 유별난 무궁화 사랑으로 유명 해진 분이다. 이분은 무궁화를 개량하여 미국에 수출을 하면서 외화 를 벌어들이고 있다.

우리나라 백단심을 교배하여 만든 무궁화는 미국이름 Lil kim(릴킴) 이라는 이름으로 등록되어 있으며, 미국인들 사이에서 인기를 누리 고 있다. 국내 토종 식물로 미국에서 특허를 받은 건 당시 그가 처음 이었다.

"품종 개량한 무궁화로 미국, 캐나다에서 특허료를 받는 건 제가 처음이에요. 무궁화 연구는 말 그대로 '무궁무진'한 분야입니다."

우리나라 기술로 개발하여 미국으로 수출되는 무궁화

　　우리나라 무궁화 종류가 200여 종이 넘는다는 사실을 아는 이가 얼마나 될까? 그런데 우리가 관심을 가지지 않다 보니, 많은 종류의 무궁화가 오히려 점점 사라져 가고 있다. 물론 일본이 심어 준 악영향도 크긴 하지만, 언제까지 그것만 탓하고 있을 것인가? 이제 우리도 우리의 국화인 무궁화에 관심을 가져야 할 때이다.

'무궁화' 하면 우리는 보통 백색이나 연한 분홍색의 꽃잎을 가진 꽃송이를 떠올린다. 하지만 무궁화에는 자주색, 노란색, 청색, 보라색 등 다양한 색깔의 꽃이 있다.

무궁화는 크게 꽃 색깔별로 배달계, 아사달계, 홍단심계, 백단심계, 청단심계의 다섯 가지 계통으로 분류되고, 홍단심계는 다시 세분하여 적단심계와 자단심계로 구분된다.

무궁화는 화려하거나 요염하지 않고 짙은 향기도 없다. 여성적이기보다는 중성적인 꽃이다. 품종에 따라 여러 가지 색깔이 있지만, 가장 한국적인 아름다움을 지닌 것으로 흰색의 꽃잎에 화심 깊숙이 붉은색이 자리 잡은 단심 무궁화가 손꼽히고 있다. 그 깨끗한 흰 꽃잎과 깊숙이 또렷하게 자리 잡은 붉은색 심문은, 가슴속에 열정을 간직한 순결한 영혼을 연상하게 한다.

마치 먼 옛날 심신유곡을 찾아 다니며 영혼을 맑게 하고 가슴의 뜻을 가지던 화랑도의 무리처럼, 나라를 지키기 위해 달빛 아래서 손에 손을 잡고 긴 댕기를 휘날리며 끝없이 강강수월래를 하던 이 땅의 순결한 처녀들인 듯······.

– 시인 조지훈

광복 후 1947년 서울대학교 농과대학에서 무궁화 신품종 육종 연구를 시작했고, 원예시험장과 임목육종연구소에서 무궁화 육종에 착수했으며 1990년대 전국 화훼학계 교수들이 중심이 된 한국무궁화연구회를 발족해 무궁화 연구와 보급을 시작했다.

전국에 있는 무궁화 축제를 소개한다. 시간이 될 때 아이들의 손을 붙잡고 한 번씩 방문해도 좋을 것이다.

무궁화 동산이 잘 가꾸어져 있는 곳

안산시 호수공원 무궁화동산에는 200여 종의 무궁화 품종이 꽃을 피우고 있다. 남궁억 선생의 고향인 강원도 홍천에서 매년 10월경에 나라꽃 무궁화 축제가 열리고 있는데, 전국에서 열리고 있는 무궁화 축제는 아래와 같다.

1. 강원 홍천 나라꽃 무궁화 축제(10월 중)
2. 경기도 수원 나라꽃 무궁화 축제(8월 중)
3. 전북 완주 나라꽃 무궁화 축제(8월 중)
4. 전남 나주 나라꽃 무궁화 전국축제(8월 중)
5. 경기 가평 아침고요수목원 무궁화 축제(8월 중)
6. 경북 포항 나라꽃 무궁화 전국축제(7~8월 중)

필자는 10여 년 동안 기업교육을 하면서 교육의 중요성이 얼마나 중요한지 실감을 한다. 필자가 근무하던 ㈜유답이라는 회사가 있다. 조직활성화나 커뮤니케이션 분야에서 우리나라에서 가장 크고 실력 있는 회사이다. 지금까지 75만명 이상을 교육해 왔고 웬만한 대기업과 공기업의 교육에는 거의 다 참여했었다.

이 회사에는 신입사원이 오면 21일간 강사로서의 기본기에 관한 철저한 교육을 한다. 그중에서 당연히 '국학' 교육은 필수로 들어간다.

어느 때인가, 21일간의 강도 높은 교육을 이수한 후 그 기수의 첫 월급 날이었다. 신입사원 한 명이 찾아왔다. 자신의 첫 월급인 만큼 의미 있는 곳에 쓰고 싶다고 하면서, 국학원에 무궁화를 기증하고 싶다는 것이었다. 그러면서 자신의 첫 월급의 50%를 뚝 떼어 내놓았다.

와! 그 얘기를 듣는 순간, 온몸에 전율이 일면서 가슴이 찡해 왔다. 이것이 바로 교육의 힘이구나! 정말로 사람의 의식이 교육으로 이렇게 바뀌는구나!

지금도 그 일을 생각하면 마음이 따스해지는데, 그때가 바로 요즘 젊은이들에 대한 나의 선입견이 180도 바뀐 계기가 된 시점이었다. 그 일은 정말 바른 교육으로 젊은이들의 인성이 바뀔 수 있다는 것을 다시 한 번 확인한 계기가 되었고, 그 이후로 필자는 더욱더 신념을 가지고 국학교육을 하게 되었다.

신입사원이 첫 월급으로 기증한 국학원의 무궁화

대한민국을 이끌어 갈 이 땅의 더 많은 젊은이들이 바른 인성이 깨어나기를 기대하면서, 나 역시 더 뛰고 노력할 것을 다짐한다.

culture

history

philosophy

세계에서 가장 우수한 문자,
한글

전 세계의 문자 중에서 누구에 의해, 언제, 어떤 원리로 만들어졌는지 알려져 있는 있는 유일한 문자가 바로 한글이다.

· 영국 옥스포드 대학이 과학성 · 합리성 · 독창성 등을 기준으로 세계의 문
  자들에 순위를 매겼을 때, 1위를 차지한 문자

· 모든 언어가 꿈꾸는 최고의 알파벳
  – 존맨(영국의 역사학자), 『세상을 바꾼 문자, 알파벳』

· 발음기관을 상형화하여 글자를 만들었다는 것도 독특하지만 기본 글자
  에 획을 더하여 음성학적으로 동일계열의 글자를 파생해 내는 방법(ㄱ ·
  ㅋ · ㄲ)은 대단히 체계적이고 훌륭하다. 음성학적 차원까지 고려했기
  에, 알파벳보다 차원이 훨씬 높다. – 제프리 샘슨(영국 언어학자)

· 한국인들은 전적으로 독창적이고 놀라운 음소문자를 만들었는데, 그것은
  세계 어떤 나라의 문자에서도 볼 수 없는 가장 과학적인 표기체계이다.
  – 하버드대학 라이샤워 교수(동아시아 역사가)

바로 우리의 문자인 '한글'에 대한 세계인들의 평가다.

전 세계의 문자 중에서 누구에 의해, 언제, 어떤 원리로 만들어졌
는지 알려져 있는 있는 유일한 문자가 바로 한글이다. 다른 문자들

은 자연발생적으로 탄생하여 개량되었기 때문이다. 그렇기 때문에 문자를 가지고 공휴일을 만든 유일한 나라가 바로 대한민국이다. 유네스코에서도 이런 한글의 특수성과 우수성을 인정했기에 세계기록 문화유산으로 지정한 바 있다. 이런 것이야말로 우리가 외국인들을 만나면 당당하게 얘기할 수 있어야 하는 부분이다. 세계 어느 민족에게도 없는 우리만의 독특한 문화적 특징이기 때문이다.

이렇듯 독특하고, 세계 어디에서나 자랑할 수 있는 소중한 문화유산인 한글에 대해 우리는 얼마나 알고 있는가? 우리는 세계 각국의 언어학자들이 극찬하는 우리의 문자인 '한글'을 오히려 홀대하는 경향이 심하다. 집에 영어사전은 있어도 국어사전 없는 것을 이상하게 생각하지 않고 있으니 말이다.

서울시립대학교 김영욱 교수는 훈민정음 전체가 하나의 코드라고 말한다. 그 예로 훈민정음 서문의 음절 수는 108개로 바로 인간의 번뇌를 상징하는 숫자라고 하였다. 우리는 다빈치 코드는 알아도 한글 코드는 잘 모른다.

세종대왕의 수많은 훌륭한 치적이 있지만, 그중에서도 후대에까지 가장 큰 영향을 미친 것이 바로 한글 창제라고 할 수 있겠다. 그러나 이렇게 위대함을 인정받고 있는 한글도 탄생부터 우여곡절이 많았고 수많은 부침을 겪었다.

1443년 창제된 훈민정음은 창제 당시부터 최만리 등 수많은 유학자들의 격렬한 반대 상소를 받았다가, 3년 뒤인 1446년에 반포되었다. 유학자들은 문명 대국의 글자인 한자를 놔두고『훈민정음』을 쓴다는 데 매우 불만이 많았기에『훈민정음』을 '상것들이나 쓰는 글'이라 하여 '언문' 또는 '언서(諺書)'라고 했고, 아녀자들이나 쓰는 반토막 글이라 하여 '암클', '언서반절', 혹은 아이들이나 쓰는 글이라 해서 '아햇글'등으로 비하하고 천시 했다. 이렇게 조선 시대 내내 지식인들에게 수모를 당하며 철저하게 외면당하다, 450년 후인 갑오경장이 되어서야 국문으로 정식 인정을 받게 된다. 현재 우리가 부르고 있는 '한글'이라는 이름은 1910년 초에 활동한 국어학자 주시경 선생에 의해 만들어져 사용되기 시작했다. 한글은 '크다', '밝다'란 뜻의 '한'이란 글자를 넣어서 '으뜸가는 글', '하나밖에 없는 글', '큰 글'이라는 뜻을 담고 있다.

이러한 한글의 탄생 배경에는 어릴 때부터 학문을 좋아하고, 백성들을 생각하는 세종대왕의 마음이 들어 있다. 그래서 한글은 우수하기도 하지만 그 속에는 세종대왕의 백성들에 대한 사랑이 고스란히 녹아 들어 있기에 그 가치가 더 높다고 할 수 있겠다.

세종28년 당시 예조판서였던 정인지의『훈민정음 해례본』서문을 보면, '자신의 뜻을 제대로 전달하지 못해 고통 당하는 백성들이 어떻게 하면 쉽게 배울 수 있는 글을 만들 수 있을까?'를 고민한 세종대왕의 마음을 짐작할 수 있다.

> 지혜로운 사람은 아침나절이 되기 전에 이를 이해하고, 어리석은 사람도 열흘 만에 배울 수 있다.

그래서 어떤 사람이든 단 하루면 배울 수 있다는 뜻으로 한글을 '아침글자'라고도 했다. 세종대왕의 노력이 헛되지 않았다는 것은 지금 대한민국의 문맹률이 0%에 가깝다는 사실로도 증명된다. 이렇게 문맹률이 낮은 것도 전 세계적으로 유래가 없는 일이다. 세계 최강국으로 불리는 미국의 문맹률이 21% 정도 되니 말이다.

세계 문자 가운데 한글, 즉 훈민정음을 흔히들 신비로운 문자라고 표현하곤 한다. 이는 표의문자이기에 모든 문자를 외워야 하는 중국어와는 달리, 한글은 그럴 필요가 없어 배우기가 쉽기 때문이다.

10개의 모음과 14개의 자음을 조합하면 되기에 배우기 쉽고, 24개의 문자로 소리의 표현을 1만 개 이상을 낼 수 있다. 이에 반해 일본어는 약 300개 그리고 중국어는 400여 개에 불과하니, 소리 나는 것은 거의 다 쓸 수 있다는 것이 바로 한글의 장점이다. 한국이 휴대전화의 선진국이 된 배경에는 어느 언어보다 쉽고 편리하게 표기해 전송할 수 있는 한글 덕분이라는 견해는 이를 뒷받침한다.

혹시 여러분은 '세종대왕상(UNESCO King Sejong Literacy Prize)'이 있다는 사실을 알고 있는지? 한글 창제에 담긴 세종대왕의 숭고한 정신을 기리고, 전 세계에서 문맹을 퇴치하기 위하여 헌신하는 개인·단체·기관들의 노력을 격려하고 그 정신을 드높이기 위해 상으로 1989년 6월 유네스코에서 제정되었다. 세종대왕상은 1990년에 처음 시행된 이래 인도·가나·요르단 등 세계 곳곳에서 문맹퇴치에

커다란 공을 세우거나 성공적인 활동을 펼친 단체에 수여되고 있다.

여주에 있는 세종대왕상

한글의 아름다움

한글은 우수할 뿐만 아니라 아름답다는 장점을 가지고 있는데, 얼마 전 한글날에 발표된 우리 국민들이 뽑은 가장 아름다운 순우리말 순위를 보면 다음과 같다.

1위 미리내 – 은하수   2위 시나브로 – 점점, 조금씩   3위 사랑 – 사랑*
4위 가람 – 강   5위 누리* – 세상

---

*사랑이 우리말인지도 모르는 분들이 꽤 많다.
*부처님의 자비가 온 누리에~, 예수님의 사랑이 온 누리에~

순 우리말 중에는 이처럼 아름다운 말들이 많다.

한국학중앙연구원의 이길상 교수는 『세계의 교과서 한국을 말하다』라는 책에서 미국의 한 교과서를 소개한다. 〈세계문화: 전 세계의 모자이크〉라는 교과서인데 이 책에는 용비어천가의 한 구절이 영어로 번역되어 있다. 그에 따르면 이 교과서의 집필자가 처음 용비어천가를 읽었을 때 그 아름다움에 반해서 한 구절을 이 책에 싣게 되었다고 한다.

세계인들이 한글을 뛰어난 글자로 보는 이유 중 하나는 바로 1만 개가 넘는 발음이다. 이에 대해 정인지는 "바람소리, 학의 울음, 닭 울음소리나 개 짖는 소리까지도 모두 표현해 쓸 수가 있다."고도 하였는데, 한글은 세계에서 가장 많은 발음을 표기할 수 있는 문자이다 보니 표현하지 못할 소리가 없다. 또한 우리말에 감각을 나타내는 말이 매우 세밀하게 발달해 있는데, 이것은 바로 우리나라 사람들의 감각이 그만큼 섬세하고 뛰어나다는 이야기이다.

매운 맛을 표현하는 말들

매콤하다: 조금 매운 맛이 있다
맵싸하다: 고추나 겨자처럼 맵고도 싸하다
알싸하다: 매운 맛으로 혀가 알알하다
얼큰하다: 매워서 입안이 얼얼하다
알큰하다: 맵고 약간 단맛이 난다
칼칼하다: 맵고 자극하는 맛이 있다
얼얼하다: 맛이 매우 맵거나 독하여, 혀 끝이 아리고 쓰리다

'노랗다'의 다른 표현들

노랗다	노오랗다	누렇다	싯누렇다
샛노랗다	노리끼리하다	누리끼리하다	노르스름하다
누르스름하다	누리퉁퉁하다	노리퉁퉁하다	노릿노릿하다

외국어로 번역이 어려운 의성어 의태어 표현

흔들흔들	휘청휘청	울끈불끈	푸닥푸닥	푸들푸들
헐렁헐렁	설렁설렁	흐느적흐느적	살금살금	질퍽질퍽
찰랑찰랑	달랑달랑	딸랑딸랑	치렁치렁	찰싹찰싹
차근차근	차곡차곡	찔끔찔끔	쫄깃쫄깃	쫀득쫀득
울퉁불퉁	쭈뼛쭈뼛	풍덩풍덩	푹신푹신	부들부들
퐁당퐁당	펄럭펄럭	빙글빙글	동글동글	비틀비틀
뒤죽박죽	뒤뚱뒤뚱	뒤룩뒤룩	미끈미끈	미끌미끌
매끈매끈	물컹물컹	갈팡질팡	나풀나풀	팔랑팔랑
더듬더듬	덩실덩실	벌름벌름	노릇노릇	왔다갔다
얼렁뚱땅	대충대충			

이런 말들은 외국어로는 번역되지도 않고 번역할 수도 없다. 요즘 한류 문화가 전 세계적으로 뜨고 있는 이유가 바로 다른 나라 사람들이 따라올 수 없는 섬세한 감각과 거기서 나오는 창조력 때문이 아닐까?

우스갯소리지만, 우리나라가 노벨 문학상을 못 타는 이유도 한글의 표현력이 너무 뛰어나다 보니 번역이 안 되어서 그렇다고들 한다.

한글은 실용성뿐 아니라 미학적인 면에서도 세계에서 우위를 차지한다. 한글의 미학적인 면을 잘 살린 사람이 있다. 바로 디자이너 이상봉 씨인데, 이분은 한글을 가지고 수많은 아름다운 상품을 만들었다.

이상봉 씨는 2006년 한불 120년 수교 기념으로 문광부가 주관하

이상봉씨의 한글 작품들

는 한불 간 문화를 비교하는 프로젝트를 통해 해외에서는 한글을 글자라기보다는 디자인이나 그림으로 본다는 것을 알게 되었다. 그래서 한글이 아름다울 수 있다는 것을 알게 되었고 한글을 패션에 과감하게 드러내게 되었다고 한다.

이상봉 씨가 한글을 디자인하기 전에는 해외에서 한국은 고유한 문자가 없고 한문이나 일본어를 쓴다고 생각했었다고 한다. 그래서 그는 한글의 상징성과 우리가 한글을 가지고 있다는 것에 자긍심을 가져야 하며, 한글을 문화적, 미학적인 측면에서도 이야기를 해야 한다고 한다.

한글의 아름다움을 알리는 것은 바로 한국문화의 위상을 드높이

는 것이기에 정말 중요한 작업이다. K-POP의 영향으로 한국에 호감을 가지고, 한국어를 배우고 싶어 하는 젊은이들이 점점 많아지고 있다. 이에 따라 한국의 위상은 자연스럽게 올라갈 수밖에 없다. 이럴 때일수록 한글의 우수함과 아름다움을 알리려는 노력이 더 절실해지는 법이다.

훈민정음 해례본에 얽힌 얘기

한글의 창제 원리를 담고 있는 『훈민정음 해례본』은 목판본으로 2권 2책으로 되어 있는데, 세종대왕께서 직접 서문을 쓰시고 글자에 대한 설명을 신하들이 기록해 놓은 책이다.

그동안 우리는 한글의 창제 원리에 대해 전혀 모르고 있었다가 『훈민정음 해례본』이 발견되면서 비로소 한글창제 원리가 밝혀졌고, 얼마나 과학적인 원리로 되어 있는지 알려졌다. 그런데 이 책이 지금 우리에게 전해지기까지는 간송 전형필 선생의 공을 빼놓을 수 없다.

훈민정음 해례본 세종28년(1446년),
간송미술관 소장

간송 전형필 선생

　간송 전형필 선생은 중추원 의관의 아들로 태어났는데, 그의 아버지는 종로 일대의 상권을 장악하고 있던 대부였다. 그 엄청난 재산을 상속받은 간송 선생은 당시 식민 통치하에 있던 수많은 골동품이 일본으로 밀반출 되는 것을 보고만 있을 수 없어, 자신의 전 재산을 미술품과 골동품 등의 문화재를 사 모으는 데 사용했다. 심지어 일본으로 넘어간 문화재 중에서 되찾아 와야 할 가치가 있다고 생각되면, 얼마의 돈이 들더라도 되찾아 왔다.

　그런 그가 찾아낸 최고의 문화유산이 바로 『훈민정음 해례본』이다. 그 당시까지 한번도 나타나지 않았던 해례본이 처음 발견된 곳은 1943년 6월 경상북도 안동이었다.

　그 책을 구하고자 찾아간 간송 선생에게 주인이 책값으로 부른 금액이 1,000원이었다. 그 당시 1,000원이면 큰 기와집 한 채를 살 수 있을 정도로 큰 금액이었다. 그때 간송 전형필 선생은 주인이 부른 값보다 10배나 많은 기와집 열 채 값인 10,000원을 건네 주었다. 깜짝 놀란 주인에게 "훈민정음 같은 보물은 적어도 이 정도의 대접은

받아야 한다."고 말하면서 주인에게 10,000원을 주고, 1,000원은 중개인에게 수고비로 건넸다.

일본이 한글 사용을 철저하게 탄압하고 있던 이 시기에 이 책이 나타났다는 얘기를 들으면 조선총독부에서 어떻게 나올지는 뻔한 일이었다. 그래서 그렇게 구한 소중한 보물을 아무도 몰래 깊이 숨기고 있다가 광복이 된 후에야 비로소 세상에 공개했다.

하지만 그 책의 가치가 제대로 알려지기도 전에 6·25전쟁을 맞이하게 된다. 목숨을 걸고 피난을 가야 하는 상황에서 다른 것은 몰라도『훈민정음 해례본』만큼은 포기할 수 없었던 간송은 그것을 오동나무 상자에 넣어서 가져간다. 혹시라도 잃어버릴까 노심초사했던 그는 밤에는 그 오동나무를 베개 삼아 잠을 자면서 단 한시도 품에서 떼어 놓지 않았다.

그러한 간송 선생의 각고의 노력 끝에 전란 속에서도 무사히 살아남은 유일한『훈민정음 해례본』은 1962년에 국보 70호로 지정 되면서 1997년에는 유네스코 세계기록유산으로 등재되기에 이른다.

우리 문화에 대한 탄압이 극심했던 일제 강점기에 우리 문화재를 구하기 위해 자신의 모든 재산을 쏟아 부었던 간송 전형필 선생의 그 고귀한 일념에 의해『훈민정음 해례본』은 지금까지 전해져 온 것이었다.

지금『훈민정음 해례본』은 간송 전형필 선생에 의해 1938년에 세워진 간송미술관에 보관되어 있는데, 간송미술관에는 그 외에도 국보 12건, 보물 10건 등의 국가 지정문화재를 비롯해 서울시 지정문화재 4건도 보관돼 있다. 전문가들은 "간송미술관 소장품만으로도 한국미술사를 서술할 수 있으며 이를 제외한 한국회화사는 상상할 수 없다."고 말한다.

사립미술관으로 대한민국의 국보를 가장 많이 소장하고 있는 간송미술관에는 1년에 두 차례 5월과 10월 전시회가 개최되고 있는데, 3~4시간씩 기다리는 수고를 마다하지 않는 사람들의 발길이 끊이지 않는다.

한글날

한글날은 1926년 국어학자들의 단체인 조선어연구회가 훈민정음 반포 480주년을 맞아 제 1회 '가갸날'을 정한 것에서 비롯되었으며, 이듬해 조선어연구회 기관지 〈한글〉이 창간되면서 '한글날'로 불렀다. 기념일도 몇 차례 수정되다가 『훈민정음 해례본』이 발견되면서 '9월 상한 훈민정음 완성'이라는 서문에 따라 1946년부터 양력 10월 9일이 한글날로 확정됐고, 이때부터 공휴일로 지정되었다.

그러다가 1991년 노태우 정권시절에 한글날이 법정공휴일의 지위를 잃는 불운을 겪기도 한다. 경제단체들이 "휴일이 너무 많아 산업발전에 장애가 된다."고 문제를 제기했기 때문이다. 이때 '국군의 날'과 함께 법정공휴일에서 제외돼 단순한 기념일이 되었는데, '휴일이 너무 많다'는 것은 우리나라의 주당 평균 근로시간이 OECD 국가 중에 최고수준으로 조사된 것을 보면 말도 안 되는 논리이다.

언어학자인 로버트 램지 교수(미국 메릴랜드대)는 563돌 한글날을 맞이하여 '왜 우리는 한글날을 기념하는가?'라는 제목의 특별강연을 하기도 했다. 그는 그 강연에서 "한글은 세계의 알파벳이다. 한글은 한국의 높은 문화수준을 보여 주는 상징이기도 하지만, 어느 한 나라를 뛰어넘는 중요한 의미가 있다는 점에서 세계의 선물이기도 하다."고 말했다.

미국 시카고(Chicago) 대학의 세계적인 언어학자 맥콜리(J. McCawley) 교수는 "세계 언어학계가 한글날을 찬양하고, 공휴일로 기념하는 것은 아주 당연하고, 타당한 일이다."고 말하면서 20여 년 동안이나 매년 10월 9일이 되면 동료 언어학자들과 학생들, 친지들을 초대해서 한국음식을 차려 놓고, 한글날을 기념하고 있다고 한다.

이렇듯 세계적인 언어학자들이 한글의 위대성을 인정하고 기념일을 만들어서 축하를 하고 있는 판에, 한글날의 법정공휴일 폐지는 문화를 권력과 자본 논리에 이용한 한심한 사건이었다.

전 세계에서 자기 나라의 문자가 만들어진 날을 국경일로 기념하는 나라는 우리나라가 유일하다. 다른 나라는 정말 하고 싶어도 할 수 가 없다. 우리에게 그날은 단순히 하루 노는 날일 뿐일지 몰라도, 외국인들에게는 너무나 부러운 기념일이다. 그러기에 한글날은 외국인들에게 우리나라의 특수성과 문화를 설명하기에 너무나 좋은 소재이고 자랑거리이다. 그래도 한글단체와 학계의 꾸준한 노력으

로 2006년 국경일의 자리를 되찾았고, 드디어 2013년부터 공휴일로
지정이 되어서 다행한 일이다.

한글을 소수민족의 언어로 사용하게 하자

한글은 전 세계 어느 누구나 배우기 쉽다.
미국의 여류작가 '펄벅'은 한글에 대해서 "전 세계에서 가장 단순
한 글자이며 가장 훌륭한 글자"라고 하였다.

세계 최고의 문맹국가는 중국이다. 중국정부는 20세기 초 90%가
넘는 문맹률을 최근에 가까스로 50%까지 줄여 왔음에도 불구하고
문맹률은 아프리카와 비슷하다. 세계 최강국으로 불리는 미국도 현
재 읽고 쓸 줄 아는 미국인은 고작 79%에 지나지 않는다. 그러나 한
국은 어떠한가? 쉽고 간결한 한글 덕분에 '문맹률 0%'라는 경이적인
기록에 육박한다.

한글을 사용하는 인구수는 세계 13위이니, 우리 인구에 비해서 결
코 적은 수는 아니다. 인류 역사를 통해 헤아릴 수 없이 많은 언어
가 탄생과 성장, 소멸을 반복해 왔지만 흔적을 남긴 언어는 극소수
에 불과하다. 한글이 과학적이고 쉽게 익힐 수 있기에 유네스코에는
'글자가 없는 소수민족 언어 사용자들에게 그들의 말을 한글로 쓰도
록 함으로써 소수언어의 사멸을 막는 것도 언어 다양성을 높이는 데

큰 몫을 할 것'이라는 제언도 나오고 있다.

캘리포니아 주립대 제레드 다이아몬드 교수는 한글은 "인간의 창조성과 천재성에 대한 위대한 기념비적인 글"이며 "한글이 간결하고 우수하기 때문에 한국인의 문맹률이 세계에서 가장 낮다."고 말한다.

제레드 다이아몬드 교수가 1998년에 출간한 『총, 균, 쇠』

출간 직후 퓰리처상을 받고 세계적 베스트셀러가 된 이 책은 우리나라에서도 그 해에 번역 출간되어 화제를 모았다. 그런데 이 책이 2012년에 들어서 다시 판매가 급증했다. 이 책의 판매가 급증한 이유를 들어 보면, 좀 우스운 얘기기도 한데 서울대 중앙도서관에서 "2012년 서울대 도서대출 순위 1위가 『총, 균, 쇠』"라고 발표한 이후였다.

어쨌든 이 책의 서문에서는 '세종과 집현전 학자들은 세계의 어떠한 문자 체계에서도 유례가 없는 놀랍고도 새로운 원칙을 만들었다'고 소개하고 있다. 더불어 언어학자들로부터 '세계에서 가장 뛰어나게 고안된 문자 체계라고 칭송 받는 것은 당연한 것'이라고 말하고 있다.

이 책의 저자인 제레드 다이아몬드 교수는 6개 국어를 구사하며, 생리학 박사로 출발해서 조류학, 진화생물학, 생물지리학으로 영역을 넓혀 간 사람인데, "자신이 20대로 돌아간다면 첫째로 한글을 배우고 싶다."고 말한다. 또한 "한글은 그 어떤 언어문자보다도 배우기 쉽고 읽기도 쉽다. 만약 세계언어를 통합해야 한다면 무조건 한글이어야 한다."는 의견을 밝혔다.

소중한 우리의 문화유산이자 우수한 우리의 문자 한글이 지금 이 시대에 재조명을 받고 있는 셈이다.

K-POP에 열광하는 세계의 젊은이들은 한국어를 배우고 싶어 한다. 가수 싸이의 비디오를 본 사람이 10억 명이기 때문에 그중 10%만 한국어를 배우고 싶다고 해도 그 수가 1억 명에 달한다. 우리나라 인구의 2배가 되는 수인데, 잘 상상이 되지 않는다. 이들에게 한글을 배우고 익히는 기회를 제공 한다면 대한민국은 진정한 문화 강국으로 도약할 수 있을 것이다.

현존하는 전 세계 언어 숫자는 대략 6천 800개 정도인데, 이 중 언어를 표기할 수 있는 문자를 보유하고 있는 경우는 소수에 불과하다. 게다가 이들 소수언어는 강대국들의 지배언어에 밀려 사멸의 위기에 처해 있는데, 14일만에 1개 꼴로 사라지고 있다고 알려져 있다.

언어는 사용자의 정체성을 상징하고, 말과 글은 그 민족의 정신이요 원동력이다. 또한 언어는 한 민족의 역사와 문화 그리고 삶의 지혜가 녹아 있는 인류의 소중한 자산이다. 그러니 언어가 사라지는 것은 우리 인류역사에 있어서 얼마나 큰 손실이겠는가? 이에 소수언어 보호를 위해 유네스코에서는 바벨계획(Babel Initiative)을 추진하고 있다. 바벨계획은 위기에 처한 소수언어의 자료를 수집하여 문서화하고, 문자 체계를 개발·보급하여 그 문화를 보존하려는 작업인데, 그 작업에 한글이 쓰이고 있다. 한글은 일단 배우기 쉽고, 낱말들의 순서를 어떻게 늘어놓아도 같은 뜻이 통하기 때문이다.

인도네시아에 있는 인구 8만여 명의 소수민족인 찌아찌아족 역시 언어는 있으나 언어를 표현할 문자가 없어, 한글을 자신의 공식문자로 채택하였다. 찌아찌아족은 한글 덕분에 자신들의 문화가 사라지지 않게 되어서 한글에 감사한다고 한다. 문자가 있으면 문화가 사라지지 않기 때문이다.

워싱턴포스트지가 지난 1천 년간 인류사에 영향을 끼친 가장 위대한 인물로 칭기즈칸을 꼽았다. 칭기즈칸이 세계에서 가장 큰 대제국을 건설했지만 몽골에는 문자가 없었고 칭기즈칸 본인이 글을 몰랐기 때문에 그에 대한 자세한 기록이 남아 있지 않다. 다만 주변 국들의 기록에 의해 폭력적이고 잔인한 인물 정도로만 알려졌었다. 그나마 최근에 새로운 평가가 이루어지고 있는 상황인데, 자신들의 문화와 역사를 기록할 문자가 없다 보니 생길 수밖에 없는 일이다.

인도네시아의 찌아찌아족에 이어 남미 볼리비아의 아이마라족도 한글을 자기들의 글자를 쓰는 작업이 2010년 7월, 시범 교육으로 시작되어 상당한 진전을 보이고 있다.

6천 800여 개의 세계 언어 가운데 13번째로 많은 7천 500만 명이 사용하는 한글은 과학성과 창의성 그리고 심미성을 인정받아 아시아 국가에 이어 미국과 유럽에서도 제2외국어로 급부상하고 있을 뿐 아니라 국제회의에서는 당당히 10대 실용언어로 인정받고 있다.

그리고 『하멜 표류기』의 작가인 네덜란드인 핸드린 하멜의 고향인 네덜란드 호리쿰시에 있는 3개 초등학교(마리안하드, 예나플란, 드레헨보흐)에서는 2014년 12월 1일부터 13주간 매주 월요일 한 시간씩 한국어 수업을 시작했다. 7~8학년(한국 5~6학년 해당) 학생을 대상으로 한 한국어 수업인데, 유럽의 더 많은 학교로 이어지기를 기대해 본다.

우리의 우수한 문화유산인 한글을 세상에 알려서 많은 이들에게 도움이 될 수 있다면, 이것이야말로 대한민국이 진정한 문화강국으로 가는 지름길이 아니겠는가? 배우기 쉽고 쓰기 쉬운 한글이 세계화 되어 각 나라의 소중한 문화가 보존되고, 지구상의 모든 나라 사람들이 글을 읽고 쓸 수 있는 날이 오기를 기대해 본다.

또한 지금 이 시점에서 한글의 우수성에 대해 자부심을 가지고, 소중함을 다시 한 번 일깨우는 계기가 되기를 바란다. 혹시 밖으로는 한글을 보급하려 애쓰면서 정작 안에서는 이를 등한시하거나 푸대접하진 않았는지 반성해 보자. 한글의 가치에 대해서는 한글날에나 반짝 관심을 가질 것이 아니라 일상화되어야 하겠다. 그리고 한글을 사용하고 있는 우리는 이러한 소중한 문자를 남겨 주신 선조들께 감사하는 마음을 가지며, 후세에도 한글날이 주는 의미를 잘 전달하여야 할 것이다.

culture

history

philosophy

CHAPTER

07

왜곡된 우리 역사

우리는 스스로를 '단군의 자손'이라 칭하고, 우리의 정통성을 요약한 그 말을 한국 사람들은 누구나 대체적으로 수긍하는 것 같다.

그렇다면 우리는 왜 우리 자신을 저평가하고, 스스로에 대해 좋은 정보보다는 안 좋은 정보를 더 많이 가지게 되었을까?

외국의 마술사들이 제일 공연하기 꺼려 하고 기피하는 국가 중 한 곳이 바로 대한민국이라고 한다. 그 이유는 아래의 이야기 속에서 찾을 수 있다.

1999년 프랑스에서 공연 차 한국을 방문한 한 마술사는 "한국인들은 마술을 쇼라고 생각하지 않는다. 방청객 모두가 비밀을 알아내려고 눈을 부릅뜨고 노려보는 모습에 너무나 놀라고 당황스러웠다"고 말했다.

또한 2003년 미국에서 온 마술사는 인터뷰에서 "내가 한국에 공연하러 온 건지 사람들을 속이러 온 건지 헷갈린다."고 하며 한국 사람들의 공연 관람 태도에 당황한 나머지 공연 일정을 중도에 포기하고 돌아가 버렸다.

그런데 세월이 지나도 관람 태도는 바뀌지 않았다. 2006년 호주의 한 마법사는 "나는 마술사로써 24년의 경력을 가지고 있지만 한국에 오면 항상 오디션을 보러 갈 때가 생각난다. 방청객 모두가 날 평가하는 심사위원 같다."고 말했다.

마술은 일종의 눈속임이고, 트릭이라는 것을 우리는 알고 있다. 마술은 사람을 기쁘고, 즐겁게 하기 위한 쇼이고 트릭이기에 있는 그대로 보고 즐기면 되는데, 우리 한국인들은 그렇지 않은 것 같다.

즐기기보다는 습관적으로 저 마술사가 뭔가 속임수를 쓰는 것이기에 그 비밀을 밝혀내고야 말겠다는 일종의 강박관념을 가지고 바라본다는 것이다.

필자 역시 강의를 할 때마다 처음 5분이 정말 힘들다. 좋은 강의를 즐겨보자는 심정보다는 "그래 네가 얼마나 잘하는 지 지켜보자!"는 관중들의 눈빛을 마주하면 수천 번의 강의를 한 나이고, 매번 겪는 일이지만 그것을 이겨 내기란 그리 쉽지 않다. 그래서 늘 관중과 대할 때는 기대감도 있지만 긴장할 수밖에 없다.

캐나다의 한 마술사는 "한국에서 성공적으로 마술 공연을 마칠 수 있는 마술사라면 세상의 어떤 사람도 속일 수 있을 것이다."고 말하기까지 한다. 뭔가 좀 씁쓸한 이야기이다.

1960~1970년대 보는 사람들의 가슴을 졸이게 하며, 전국민을 TV로 끌어들이던 프로레슬링이 각본대로 하는 쇼라는 것이 알려진 순간, 프로레슬링은 사람들의 관심 속에서 한 순간에 연기처럼 사라져 버렸다. 그뿐 아니라 프로레슬링 선수들은 마치 사기꾼이나 거짓말쟁이처럼 치부되었다. 미국에서 아직도 프로레슬링이 엄청난 인기를 끄는 것과는 대조적이다. 미국인들은 선수들이 보여 주는 열정과 노력을 보고 즐기는 것인데, 이런 것을 보면 우리는 좀 각박하다는 생각이 들기도 한다.

그렇다면 우리가 원래부터 그랬던 것일까? 아니면 어느 때부터 그렇게 된 것인가? 혹자는 우리나라가 워낙 주변 국가들의 침입을 많이 받고 당하다 보니 일단 의심부터 하고 몸을 사리는 것이 습관화되었다고도 하는데, 그 말에도 일리가 있다.

그리고 그 외에도 많은 이들이 인정하는 부분이기도 한데, 바로 일제 강점기 때 시행된 36년간의 문화 말살정책 때문이다. 일제는 우리 민족문화를 말살하기 위해 역사상 유래가 없을 만큼 집요한 정책을 펼쳤는데, 그 영향으로 우리 스스로에 대한 부정적인 사고가 만연해졌다는 것이다.

금세기 최고의 역사 학자 아놀드 토인비는 "어떤 민족을 멸망시키기 위해서는 먼저 그 나라의 역사를 말살시키는 것이 식민주의자들의 철학이다."라고 했다.

아놀드 토인비

이 말을 가장 잘 지키고 활용한 나라가 일본이다. 일제 강점기 당시 일본의 문화 말살 정책의 면면을 살펴보면 다음과 같다.

1. 역사서 20만여 권을 약탈, 소각, 불법 반출
2. 삼국 사기를 제외한 모든 사서 불인정
3. 삼국시대 이전의 역사(상고사)를 편중적으로 왜곡

4. 조선사 35권을 왜곡, 편집
5. 신사 참배
6. 창씨 개명
7. 한글 말살

등등 치밀하고 집요하게 우리 문화 말살정책을 써 왔다.

3·1운동 몇 달 전인 1919년 1월 21일, 광무황제(고종)께서 돌아가셨다. 그런데 그 사망 원인이 모호하다. 뇌일혈, 혹은 심장마비로 돌아가셨다고 알려져 있긴 한데, 또 다른 주장은 식혜나 커피 속에 들어 있던 독 때문에 사망했다는 설이다. 아직까지 그 원인이 명확히 밝혀지지는 않았지만 일본측의 여러 사료와 정황으로 보아 독살 가능성이 더 높다고 알려져 있다. 왜냐하면 이 시기에 우당 이회영을 중심으로 한 독립지사들이 고종을 만주로 망명시키기 위한 엄청난 계획을 했었고, 그 막바지 시기였기 때문이다.

물론 역사에 만약이라는 것은 존재하지 않겠지만, 만약 고종이 망명에 성공했다면 그 파장은 엄청났을 것으로 예상된다. 고종의 망명이 성공했다면 조선이 원해서 합병을 했다는 일본의 주장이 거짓이라는 사실을 전 세계에 알려서 세계의 이목을 끌 수 있을 뿐만 아니라, 그 사실을 제대로 모르고 있던 조선의 백성들에게도 독립에 대한 강한 의지와 참여를 이끌어 낼 수 있는 명분을 제공하는 획기적인 일이기 때문이다. 이런 것을 생각한다면 참으로 아쉬운 부분이 아닐 수 없다.

명성황후가 일본 낭인에게 살해되었던 것이 백성들에게 큰 비난을 샀고 이것이 을미년 항일의병활동으로 이어졌듯이, 당시 고종에 대한 일본의 독살설이 걷잡을 수 없이 퍼지면서 3·1 독립만세 운동으로 이어졌던 것이다.

　1919년에 일어난 3·1운동을 본 일본은 깜짝 놀란다. 일본은 대장이 죽거나 항복하면 자연스럽게 부하들이 따라서 항복을 하는 문화인데, 우리는 대장이 사라지면 또 다른 대장이 나오고, 그 대장이 사라지면 또 나오니 말이다. 게다가 한일 병합 후에 10년의 세월이 흘렀기에 웬만큼 독립의 의지나 이런 부분이 사그라든 줄 알았는데, 3·1운동에 대한 당시 기록에 따르면 조선백성 200만 명이 태극기를 들고 만세 운동에 동참했다고 한다.

　당시 인구가 2,000만 명이었는데, 200만 명이면 열명 중의 한 명인 셈이다. 그리고 2,000만 명 중에 노약자와 어린아이 빼고 나면 움직일 수 있는 사람들은 거의 만세 운동에 동참했다는 얘기인데, 조선민의 이 엄청난 단합된 힘과 태극기의 물결을 보고 충격과 두려움을 느낀 일본은 이때부터 본격적으로 무단 통치에서 문화 말살 정책으로 방향을 전환하게 된다.

3대 조선총독
사이토 마코토(齋藤實)

　3·1운동 직후 문화정치를 표방하고 부임한 3대 조선총독 사이토 마코

토는 아래와 같은 이른바 조선사람을 반일본인으로 만들기 위한 교육시책을 발표한다.

조선사람들이 자신의 일과 역사, 전통을 알지 못하게 만듦으로써 민족혼과 민족문화를 상실하게 하고, 그들의 조상과 선인들의 무위, 무능과 악행들을 들추어 내 그것을 과장하여 후손들에게 가르침으로써, 조선 청소년들이 그 부조(父祖)들을 경시하고 멸시하는 감정을 일으키게 하여 그것을 하나의 기풍으로 만들어라. 그 결과 조선의 청소년들이 자국의 모든 인물과 사적에 관하여 부정적인 지식을 얻어 반드시 실망과 허무감에 빠지게 될 것이다.

그리고 일황 칙령으로 「조선사편수회」 관제를 제정 공포하고, 조선총독이 직할하는 독립 관청으로 승격시키면서 본격적인 역사왜곡 작업에 들어간다.

이 사이토는 65세의 독립투사인 강우규 의사가 폭탄을 던져 죽이려고 한 인물이다. 그러나 의거는 안타깝게도 실패로 돌아가고, 강우규 의사는 체포되어 사형을 당하고 만다. 강우규 의사의 당시 나이가 65세이니 지금으로 보면 80세 가까운 나이인데도 폭탄의거에 나선 자체가 정말 대단한 일이다. 독립운동에 나이가 따로 없음을 몸소 보여 주신 분이다.

강우규 의사는 서대문 형무소에서 사형직전 절명시를 남긴다

斷頭臺上 猶在春風 (단두대상 유재춘풍)

有身無國 豈無感想 (유신무국 기무감상)

단두대위에 올라서니 오히려 봄바람이 감도는 구나
몸은 있으나 나라가 없으니 어찌 감회가 없으리오.

내 평생 나라를 위해 한 일이 없음이 부끄럽다.
내가 자나깨나 잊을 수 없는 것은 우리 청년들의 교육이다.
내가 죽어서 청년들의 가슴에 조그마한 충격이라도 줄수 있다면
그것은 내가 소원하는 일이다…

(의사께서 교형 직전 대한의 청년들에게 남긴 유언 중에서)

(출처: 강우규의사 기념사업회)

필자가 지금 일제의 역사왜곡에 대해 얘기하는 것은 단순히 '일본 놈들 나쁜 놈들'이라고 욕하고자 하는 것이 아니다. 사이토는 일본의 입장에서 보면 대단히 머리가 좋은 사람이다. 벌써 100년 앞을 내다보고 교육 시책을 만들었으니, 정말 일본의 입장에서는 영웅과 같은 존재가 아니겠는가?

문제는 그 당시 사이토가 내린 교육 시책이 100년이 지난 지금, 우리에게 현실로 나타나고 있다는 점이다. 지금 대한민국의 청소년들이 어른에 대한 존경심도 없고, 나라에 대한 자부심도 없고, 역사의식도 없는 상황이다. 이 얼마나 무서운 일인가? 그래서 제대로 된 바른 교육이 정말로 중요하다는 것이다. 잘못된 시책에 의한 교육은 100년이 지난 후대에까지 영향을 미치고 있기 때문이다.

일본이 우리 역사를 왜곡시키기 위한 첫 번째 작업이 바로 우리나

라 역사를 줄이는 일이다. 5천 년의 우리 역사를 2,600년 정도의 역사를 가진 일본이 지배하려니 논리가 필요했던 것이다. 그래서 그때부터 시작한 것이 고조선과 단군을 신화로 만드는 작업이었다.

지금 우리는 단군을 신화라 부르고 있는데, 일제시대 이전까지 단군은 당연히 역사였지 신화라는 말 자체가 없었다. 그런데 일제시대를 거치면서 역사였던 단군과 고조선이 신화로 둔갑하기 시작했고, 기존의 역사도 열등감과 피해의식을 조장하는 쪽으로 해석하여 선조에 대한 실망과 허무감을 갖게 하는 교육으로 이어졌다.

이 영향을 지금 우리가 받고 있는데, 우리 스스로에 대해서 생각해 보자. 나는 우리 대한민국에 대해 자랑스럽게 생각하고, 우리 역사에 대한 자부심을 느끼고 있는가? 글쎄 아마도 그런 사람은 그리 많지 않을 것이다. 알게 모르게 우리의 무의식 속에 안 좋은 인식이 심어진 덕분이다. '조선 놈은 안돼!', '조선 놈은 맞아야 말을 듣는다', '엽전은 안 돼!' 등등의 자기비하 발언들을 우리는 그동안 많이 들어 왔다.

임마누엘 페스트라이쉬 교수는 자신의 저서 『한국인만 모르는 다른 대한민국』에서 한국인들은 반만년의 역사를 가진 민족이라는 점에서 굉장한 자부심을 가지고 있으면서도, 한국의 위대성에 대해 얘기할 때는 1960년대 이후 경제 발전의 기적을 이룬 것만 말한다고 한다. 지난 50년간의 놀라운 경제 성장을 이룬 것만 강조하고 유구한 전통문화에 대해서는 단편적으로 소개하고 있는데 이는 한국인의 이중적인 모습이라는 것이다.

일제시대 때 우리의 무의식 속에 스며든 식민사관에 의해서 우리는 우리 역사에 대해 자랑스러운 것이 없다고 생각하는 것인데, 이 것은 개인뿐 아니라 대한민국 전체에 만연한 의식이다.

일제는 우리나라의 역사 왜곡을 위해 당시 사서 20만 권을 불태웠다고 한다. 광복 후 출간된 『제헌국회사』와 『군국일본조선강점 36년사(문정창著)』를 보면, 조선총독부 관보를 근거로 판매 금지한 서적과 수거된 서적은 총 51종 20만여 권이라고 밝히고 있다.

그 당시 제대로 된 인쇄술도 없는 시대에 사서 20만 권이면 어지간한 역사서는 다 불태웠다는 얘기다. 다 태우는 데만 사흘 밤낮이 걸렸다고 하는데, 그러고도 다 못 태운 것은 지금 일본의 왕실도서관에 남아 있다고 한다.

이 사실은 일제시대에 일본왕실에 끌려가 사서 분류작업을 하다 광복후 한국으로 돌아온 박창화 씨에 의해서 밝혀진 내용이다. 이후 우리나라 공영 방송인 KBS에서 취재차 방문했으나 일본측의 거절로 무산된 적이 있다. 이렇다 보니 5천 년의 역사라고는 하지만 우리나라에 제대로 남아 있는 역사서가 별로 없다. 우리가 알고 있는 것은 기껏 해야 삼국시대 이후부터의 역사서인 『삼국사기』, 『삼국유사』 정도이고, 특히 상고사 즉 단군 관련사서는 거의 없다시피 하다. 이러한 일제의 치밀한 왜곡 작업에 의해 우리의 역사였던 고조선과 단군은 신화로 둔갑했다.

우리는 스스로를 '단군의 자손'이라 칭하고, 우리의 정통성을 요약한 그 말을 한국 사람들은 누구나 대체적으로 수긍하는 것 같다. 그런 단군이 통치했던 고조선은 드넓은 만주대륙과 중국 본토 일부를 포함하는 거대한 제국이었다. 하지만 우리의 현실은 아직도 일본의 식민사관에서 벗어나지 못하고 있다. 심지어 공영방송에서도 '단군신화'라는 말이 자연스럽게 나오지만, 어느 누구 하나 이의를 제기하는 사람이 없다.

그리고 현재 교단에서 우리의 아이들에게 역사를 가르치는 강단 사학자들은 실증사학을 주장하며 우리의 역사에 대해 관심조차 가지지 않고 있으니, 나라의 독립을 위해 목숨을 바쳤던 우리 선조들이나 단군할아버지가 지하에서 땅을 치고 통곡을 해도 모자랄 일이다.

일본 학자 오향청언 씨는 "사마천의 사기 25권은 단군 조선이 중원대륙을 지배했었다는 역사적인 사실을 거꾸로 뒤집어 가지고, 마치 중국이 단군조선을 지배한 것처럼 힘겹게 변조 작업을 해 놓은 것이다."라고 한다. 그리고 "한나라의 '한'이라는 국호 자체도 옛날 삼한 조선의 '한'이라는 글자를 그대로 빌려 간 것에 불과하다"라고 한다.

서경대학교 유경문 교수는 2000년에 발표한 『홍익인간 사상과 경제』에서 일본의 식민사관에 빠져 있는 국내 일부 실증사학자들을 비판하였다. 그는 "과거 왕조들이 바뀔 때 새로운 지배계층들이 자신들의 정당성을 확보하기 위해 옛 기록을 파괴했고, 근대에는 일본에 의하여 그나마 남아 있던 단군조선에 대한 사료들마저 사라지게 되었다."며 현재 국내 일부 역사학자들이 이러한 과정을 고려하지 않고 있고, 중국의 여러 사료들에 기록되어 있는 단군조선사를 정사로 인정하지 않는 것에 대해 안타까워 했다.

그래도 우리의 왜곡된 역사를 바로잡고자 하는 많은 노력들이 이어지고 있는데, 그분들 중에 평생을 우리나라 역사회복에 몸바친 고(故)최태영 박사님이 계시다.

최태영 박사님은 현재 우리 민족 전체가 집단적으로 기만을 당해 삼국시대 이전의 역사는 모두 잘린 거짓 역사를 배우고 있다고 한탄했다.

1900년에 태어나 2005년도에 돌아가신 최태영 박사님은 우리나라 사법고시 제도를 만든 분으로, 대한민국의 검사와 판사는 최소한 한국사는 알아야 한다는 신념으로 사법고시에 국사를 필수로 해야 한다는 주장을 펴서 관철시킨 분이다.

그런데 정년퇴임 후 국사가 본인이 의도했던 것과는 전혀 다른 왜곡된 역사인 것을 보고 충격을 받은 최 박사님은 70세가 넘는 나이에 하루에 7~8시간씩 역사공부를 하면서 한국 상고사 연구에 몰두하기 시작한다. 정인보의『조선사연구』부터 다시 읽으며 역사연구에 들어간 것이다.

80세에 단군조선의 실체를 밝히고, 『삼국유사』에서 환국(桓國)이

환인(桓因)으로 변조된 것을 증명하며 『한국상고사』(1990)를 발간하고, 100살이 넘는 나이에 『인간 단군을 찾아서』, 『한국 고대사를 생각한다』를 발간한다.

식민사학자 이병도를 회개시킨 최태영 박사

일본은 한국침략을 정당화하기 위해, '한국 역사는 주체적으로 발전한 것이 아니라 주변국에 의해서만 유지되어 왔다'는 요지의 이른바 반도사관론을 대량 유포시켰으며, 우리 역사 사료들을 전부 빼앗아 가고 불태우고서는 '증거가 있어야만 인정한다'는 식의 소위 실증주의 역사방법론을 채택하였다.

이병도는 이마니시 류의 수서관보가 되어 이러한 '조선사 편찬'이라는 거대한 역사왜곡 프로젝트에 참여했다. 『조선사』 편집에 참여하여 일제의 식민사관 수립 사업에 직접 기여하였고, 일제가 유포시킨 식민사관을 해방 후까지 이어 주는 중대한 역할을 했다.

그는 광복 후에 서울대 역사학과 교수, 문교부 장관까지 지냈는데, 오늘날 한국사학계에는 직·간접으로 이병도의 제자 아닌 사람이 드물 정도이다. 1920년대 '조선사편수회'의 학풍을 이어받은 이병도는 나중에 고대사 연구에 "일본학자들의 영향을 받은 바 적지 않았다."고 스스로 회고하기도 했다.

그러나 이병도는 죽기 직전, 단군은 신화가 아니라 우리의 국조라는 사실을 인정하는 반성문을 발표한다. 그간 최태영 박사, 송지영 KBS 이사장, 국문학자 이희승 박사 등의 설득으로 과거 자신의 역사관을 크게 수정하여 결자해지(結者解之)의 심정으로 조선일보에 논설을 게재하였다. 그런데 아이러니하게도 이를 바라보던 제자들의 시선은 싸늘했다. 어떤 이는 '노망 드셨네' 하며 비웃기까지 했다는 것이다.

　이에 대해 한때 그와 더불어 『한국상고사입문』(1989년)을 발간했던 최태영 박사는 2000년 1월 문화일보와의 대담에서 "내가 젊었을 때에는 한국에서 단군을 부정하는 사람은 거의 없었는데 이승만 정권 때부터 실증사학을 내세워 단군을 가상인물로 보기 시작했다."며 당시 상황을 회고하고 있다. 그에 따르면 이러한 잘못이 이루어진 데에는 이병도 박사의 탓도 컸는데, 말년에 그의 건강이 안 좋아져서 병실에 찾아갔더니 죽기 전에 옳은 소리를 하겠다며 단군을 실존인물로 인정했다고 한다. 이러한 사실을 후학들이 모르고 이병도 박사의 기존학설에만 매달려 온 것이다.

　최태영 박사는 『동몽선습』이나 『세종실록』과 같은 고전에도 단군에 대한 기록들이 나오는데, 어떤 이들은 수백 년 전 기록을 어떻게 믿겠느냐고 할지도 모르지만 역사기록이란 그렇게 만만한 것이 아니라고 말한다. 그러면서 "판소리할 때도 그 긴 내용을 글자 한자 바꾸지 않고 노래하지 않습니까? 그러니 역사기록은 더욱 정확할 수밖에 없는 것이지요."라고 한다.

고조선에 대한 연구자 중에 학자가 아닌 사람이 있는데, 바로 성삼제 씨다.

지금까지 배운 역사를 의심하라!

『고조선 - 사라진 역사』라는 책을 저술한 성삼제 씨는 2001년 일본의 역사교과서 왜곡 사건이 일어났을 때, 일본역사교과서왜곡대책반 실무반장으로 활약한 분이다.

스스로도 역사에 대해서는 『삼국사기』, 『삼국유사』가 있다는 정도만 알고 있었던 문외한이었다고 고백한다. 그런데 우연히 실무반장을 맡게 되고 재야 학자들과 만나면서, 왜곡된 역사에 대한 의문이 들어 본격적으로 역사공부에 뛰어들었다고 한다.

이 책은 고등학교에 입학한 저자의 딸을 위해 썼는데, 서문에서 저자는 "역사는 학문으로 한번 굳어지게 되면 이것을 회복하는 데 100~200년이 넘는 시간이 걸린다. 내 딸과 그 또래 청소년들이 편견 없이 우리 고조선 역사의 쟁점들을 봐주기를 바란다."는 말과 함께 "나처럼 학창시절 일그러진 고조선 역사를 배운 어른들도 함께 봤으면 한다."는 바람을 적고 있다.

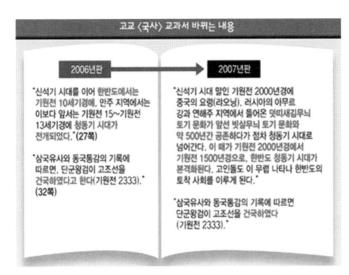

교과서 바뀌는 내용

이렇듯 많은 분들의 노력에 의해 우리 고조선의 역사가 점점 밝혀 지고 있고, 드디어 2007년 우리나라 고등학교 역사 교과서가 바뀌었다.

'고조선 건국'이 역사로 편입된 것이다!

"건국하였다고 한다"에서 "건국하였다"로 글자 한 자 바뀌었을 뿐인데 역사가 2,300년이 더 길어진 것이다. 그런데 이 글자 한 자 바뀌는 데 무려 50년이 걸렸다는 사실이다. 이렇듯 잘못 기록된 역사는 바꾸려면 엄청난 노력과 시간이 필요한 법이다. 그래도 우리 고등학생들은 이제 고조선과 단군이 역사라는 사실을 바르게 배울 수 있으니 이 얼마나 다행한 일인가?

2007년에 나온 미국 9학년 세계 지리 교과서『세계지리(World Geography)』에서도 "기원전 2000년경에 조선이라는 이름을 지닌 첫 번째 국가(state)가 한국에서 일어났다."고 서술하여 한국사의 시원을 기원 후 300년대에서 기원전 2,000년대로 2,300년 이상 되돌려 놓았다.

우리가 스스로 고조선을 신화가 아닌 역사로 인정하는 순간, 외국인들도 당연히 역사라고 인정하기 시작한다는 것이다. 그런데 문제는 공영방송이나 각종 매체에서 공인이라는 사람들의 입에서 '단군신화'라는 말이 버젓이 나온다는 사실이다. 그리고 개천절은 우리나라의 생일인데도 대통령이 행사에 참석하지 않는 유일한 국경일이 되어 버렸다.

왕 대	단군 이름	왕 대	단군 이름
제1세	왕 검 (王儉)	제25세	솔 나 (率那)
제2세	부 루 (扶婁)	제26세	추 로 (鄒魯)
제3세	가 륵 (嘉勒)	제27세	두 밀 (豆密)
제4세	오사구 (烏斯丘)	제28세	해 모 (奚牟)
제5세	구 을 (丘乙)	제29세	마 휴 (摩休)
제6세	달 문 (達門)	제30세	내 휴 (奈休)
제7세	한 율 (翰栗)	제31세	등 올 (登屼)
제8세	우서한 (于西翰)	제32세	추 밀 (鄒密)
제9세	아 술 (阿述)	제33세	감 물 (甘勿)
제10세	노 을 (魯乙)	제34세	오루문 (奧婁門)
제11세	도 해 (道奚)	제35세	사 벌 (沙伐)
제12세	아 한 (阿漢)	제36세	매 륵 (買勒)
제13세	흘 달 (屹達)	제37세	마 물 (麻勿)
제14세	고 불 (古弗)	제38세	다 물 (多勿)
제15세	대 음 (代音)	제39세	두 홀 (豆忽)
제16세	위 나 (尉那)	제40세	달 음 (達音)
제17세	여 을 (余乙)	제41세	음 차 (音次)
제18세	동 엄 (冬奄)	제42세	을우지 (乙于支)
제19세	구모소 (구牟蘇)	제43세	물 리 (勿理)
제20세	고 홀 (固忽)	제44세	구 물 (丘勿)
제21세	소 태 (蘇台)	제45세	여 루 (余婁)
제22세	색불루 (索弗婁)	제46세	보 을 (普乙)
제23세	아 홀 (阿忽)	제47세	고열가 (高列加)
제24세	연 나 (延那)		

단군 이름

서울대 명예교수로 계시는 신용하 교수님에 따르면 "고조선 역사를 추적하면 세계사는 다시 써야 할 것"이라고 한다. 엄청난 역사가 있다는 것이다.

우리는 흔히 단군 한 사람이 2,000년을 지배했다고 막연히 알고 있는데, 한 사람이 어찌 2,000년을 살겠는가? 단군 관련 서적들을 보면 단군 조선은 2096년 간 마흔 일곱 분의 단군께서 다스리셨던 나라라고 되어 있고, 그 이름까지 상세히 기록이 되어 있다. '단군'은 '대통령'처럼 하나의 칭호일 뿐이다.

한 나라가 2096년간 지속된 예는 세계 역사 어디에서도 찾아볼 수 없다. 남아 있는 문헌들은 단군조선이 8조 법금이라는 법령으로 다스리는 법치국가였음을 보여 주고 있고, 청동기뿐만 아니라 철기를 사용한 기록들도 있다. 당시 철기 문화는 다른 민족이 갖지 못한 것인데, 이를 통해 단군조선이 군사적으로도 강력한 힘을 가진 나라였음을 짐작할 수 있고, 기술력도 중국에 비해 훨씬 정교하였음이 많은 비교연구를 통해 밝혀지고 있다.

또한 평양 고분에서 출토된 자료들을 보면 수레가 나오는데, 이것은 그만큼 단군조선이 발달한 시대였다는 것을 알려 준다.

공자는 우리나라를 보고 "그 나라는 군자가 사는 곳이니 그곳에서 살고 싶다."고 했고, 맹자는 "조선에서는 세금이 20분의 1 이었

고조선 귀족들이 타던 마차

다."고 했다. 공자와 맹자가 살았던 춘추 전국 시대는 단군조선시
대의 중후반기에 해당된다.

『후한서』에는 "중국이 예(禮)를 잃었을 때에는 사방의 동이(東夷)에
게서 구하였다."는 기록이 나오고, 『한서지리지』에는 "조선에는 도
둑이 없어 대문이나 방문을 잠그지 않고 살았다."고도 나온다.

하나라가 9년간 홍수에 시달릴 때 주변국 단군조선의 도움을 받았
다는 기록이 있는 것으로 보아 물을 다스릴 수 있는 노하우를 알고 있
었다는 것인데, 과학 기술 면에서도 상당히 앞서 있었으며, 외교적으
로도 주변국들에게 지도국적인 면모를 갖춘 국가였음을 알 수 있다.

간단하게 단군조선 시대를 살펴보았지만, 이 정도만으로도 우리
는 우리 역사에 대해 자부심을 느낄 수 있을 것이다. 그리고 이러

한 역사적 자부심이 국가적 창조와 열정의 원천임은 말할 필요도 없다.

이제 우리는 누가 해 주기를 기다리지 말고, 나부터 '단군신화'라는 말이 나오지 않게, 그리고 우리의 아이들에게 단군과 고조선이 신화가 아니고 역사라는 사실을 인식시켜 주자. 그렇다면 한 세대(30년)만 지나면 단군신화라는 말 자체가 사라질 것이다. 그리고 혹시 아는가? 우리의 자손들이 선조들이 못다한 북벌의 꿈, 다물의 꿈을 이룰 날이 올지?

'코이'라는 물고기가 있다. 일본에서 관상용으로 기르는 이 물고기는(잉어)는 작은 어항 속에서 키우면 10㎝ 내외로 작게 자라지만, 연못에 풀어 놓으면 30㎝ 정도로 자라고, 강물에 풀어 놓으면 1미터 까지도 자란다고 한다. 인간의 뇌의 속성은 코이와 같다. 뇌의 능력이 무한하다고 생각하는 순간 그만큼의 힘을 발휘하지만, 할 수 없다고 안 된다고 스스로를 가두어 두는 순간 그것이 나를 지배한다. 내가 생각하는 대로 되기 때문이다.

이처럼 우리의 역사도 한반도 내로 압축해 놓는 순간, 우리의 창조력은 작아질 수밖에 없다. 우리 스스로를 저평가하고 반도 안에 우리 스스로를 가두어 둠으로써 더 큰 꿈을 꿀 수 있는 우리 아이들의 꿈을 빼앗고 있는지도 모른다.

원래 우리 선조들은 '조그만 반도 안에 살았었어!' 하는 것과 '저 만주와 요동 벌판을 달리던 선조들의 기상과 뜨거운 피가 우리 DNA

에 흐르고 있어!' 하는 것과는 차원이 다르지 않은가?

역사 앞에, 우리 아이들 앞에 죄인이 되지 않기 위해서는 우리부터 역사 바로잡기에 돌입해야 한다. 국민들의 자부심을 불러일으키기 위해서 중국이나 일본은 없는 역사도 만들어 내는 판인데, 우리는 있는 역사도 제대로 밝혀내지 못하고 있다. 우리 스스로를 한계 속에 가두어 두지 말고, 우리의 잠재력을 과소 평가하지 말자. 우리뿐 아니라 우리의 아이들을 위해서라도 바른 역사를 통해 무한한 상상력과 창조력을 물려주어야 할 사명이 우리에게 있는 것이다.

조국의 광복을 위해
자신을 던진 독립운동가들

우리 국민들의 약점 중 하나가 잘 잊어버린다는 것이다. 과거의 것에 대해서 용서는 하되 잊어버려서는 안 되는데, 우리를 이것이 꺼꾸로 되어 있다. 용서는 하지 않으면서, 너무나 쉽게 잊어버린다.

역사는 과거가 아니라 미래다!

역사를 공부하는 이유에 대해 우리는 흔히 '미래를 예측하기 위해서'라고 한다. 과거 영광스런 역사를 공부하고 기억하는 것도 중요하지만 오욕의 역사, 아픔의 역사 역시 잊지 말아야 한다.

'현명한 사람은 역사를 통해 배우고, 어리석은 사람은 체험을 통해 배운다.'는 말이 있다. 우리가 잊어버리는 순간, 그 역사는 어김없이 반복되기 때문이다. 그래서 역사는 단순한 과거사가 아니다. 바로 현실 그 자체이며, 우리의 미래이기도 하다.

우리 국민들의 약점 중 하나가 잘 잊어버린다는 것이다. 과거의 것에 대해서 용서는 하되 잊어버려서는 안 되는데, 우리를 이것이 꺼꾸로 되어 있다. 용서는 하지 않으면서, 너무나 과거를 쉽게 잊어버린다.

그러다 보니 가깝고도 먼 나라 일본에게서 500년 전 7년간의 임진왜란과 정유재란의 치욕을 당했으면서도, 100년 전에는 아예 나라를 빼앗기고 36년 동안이나 식민지 생활을 하는 경험을 반복하게 되었다.

지금 우경화의 극치를 달리고 있는 일본이나 중국의 무력시위를 보노라면, 옛 기억을 떠올리지 않을 수 없다. 그럼에도 그 심각성에 대해서는 별로 깊이 생각하지 않는 경향이 있다. 이러다가는 또 치욕의 역사가 반복될지도 모를 일이다.

전 세계에서 일본을 우습게 여기는 민족은 우리밖에 없다고 하는데, 외국인이 귀화해서 한국화 되는 첫 번째 증상이 '이유 없이 일본이 싫어지는 것'이라고 한다. 웃자고 하는 얘기이긴 한데 또 한편으로는 인정이 되는 말이기도 하다. 이러한 모순적인 모습은 어쩌면 우리 스스로 일본에 대한 자격지심의 표현인지도 모르겠다.

그 옛날 우리에게 문화를 구걸하던 야만인이었던 일본이 어느 날 우리보다 강대국이 된 것에 자존심도 상하고, 이기고 싶은데도 어쩌지 못하는 자괴감에서 비롯된 것은 아닌지?

인도 독립운동의 정신적 지도자이자 성자로 불리는 인도의 마하트마 간디 수상은 "약한 자는 절대 누군가를 용서할 수 없다. 용서는 강한 자의 특권이다."라고 했다.

시사풍자 잡지 도바1호(1888년)에
'낚시'라는 제목의 만평

'COREE(코리아)'라는 물고기를 잡기 위해 일본 · 러시아 · 청나라가 낚시를 하고 있는 모습이다. 이것이 한일병합 12년 전에 나왔던 만평이다. 주변국 모두가 알고 있던 부분인데, 우리만이 이것의 심각성에 대해서 대비를 하지 못했기에 일본에 의해 36년간 치욕을 당할 수밖에 없었다.

이것이 자그마치 100년 전 상황인데, 100년이 지난 지금 달라진 것은 아무것도 없다. 오히려 지금은 세계 최강국인 미국(전세계 국방비의 41%)이 추가된 상황이다.

군사력 세계 1위 미국을 비롯한 2위 러시아, 3위 중국이 대한민국을 감싸고 있을 뿐만 아니라, 세계경제의 28%를 장악하고 있는 경제력 1위인 미국, 2위 중국, 3위 일본* 이 이 조그마한 한반도를 둘러싸고 있다. 군사력, 경제력의 1~3위에 속하는 국가들이 세계 유일의 분단국인 대한민국을 중심으로 각축전을 벌이고 있는 것이다.

100년 전에는 그래도 남북이 하나로 통일이라도 되어 있었지만, 지금은 반 토막이 나서 서로 총구를 맞대고 있으니 100년 전과 비교했을 때 오히려 더 심하면 심했지 못하진 않은 것 같다.

그런데 우리는 지금 이 순간 이러한 상황에 대해 어떤 대비를 하고 있는가? 역사에 대해서 조금이라도 공부를 한 사람이라면 지금 우리에게 닥친 위기가 얼마나 심각한 것인지 알 것이다. 정말 바른 역사의식을 가진 지도자가 절실한 상황이다.

100년 전에 이 땅에 어떤 일이 일어났는지?, 일본이 우리 선조들

---

*2012 기준 GDP
미국 : 15조 6천억 달러   중국 : 7조 9천억 달러   일본 : 5조 9천억 달러

에게 저지른 일들을 우리는 정확히 알고 있어야 한다.

작두에 머리를 놓고 자르는 사진

독립군들의 목을 잘라서 마을 어귀에 매달아 놓는다. 인간의 감정 중에 가장 나약한 부분인 공포심을 자극해서 함부로 독립운동을 하지 못하게 하기 위해서다.

임신한 종군위안부와
미군 병사가 웃고 있는 사진

그 누구도 아닌 바로 우리 할머니들의 모습이다.

사진 속에는 탄광에 끌려가 수백 미터 지하에서 뜨거운 지열을 받

탄광에서 일하는 할아버지들

탄광벽에 쓰여있는 글

으며 식은 밥 한 덩이와 물 한 병으로 목마름과 허기를 달래며 죽으라고 일했던 우리 할아버지들이 있다.

탄광의 벽에 쓰인 '어머니 보고 싶어', '배가 고파요', '고향에 가고 싶다'는 글씨들만이 그 당시의 처참하고 고달팠던 상황을 전해준다.

우리 할아버지들의 모습인데, 결국 이분들은 대부분 살아서 돌아오지 못했다. 이런 사실을 감추기 위해 일본군들이 모조리 살해했던 것이다.

어린아이들 죽은 사진

사람이 어디까지 잔인해질 수 있는가를 보여 주는 사진이다. 일본인들은 어린아이까지 이렇게 살해하는 만행을 저질렀다.

우리와 머리 좋기로 비견되는 민족이 '유대인'인데, 유대인들은 자녀가 7살이 되면 유대인 학살 기념관에 데려 간다. 그리고는 이런 잔인한 사진들을 보게 하고 사람의 지방으로 만든 비누를 직접 만져 보게 한다. 그러면 7살짜리가 무서워서 어떻게 보겠는가? 도망가려고 하면 붙잡아와서 귀를 잡아 고개를 돌리지 못하게 한 다음, 정면으로 이 그림들을 마주 보게 한다

"봐라, 우리 조상들이 어떤 일을 당했는지! 용서는 하지만 잊어서는 안 된다." 하고 가르친다. 왜일까? 역사는 반복되기 때문에, 잊어버리면 또 당할 수밖에 없기 때문이다.

무명 독립군 용사의 사진

   무명 독립군 용사의 사진이다.

   영하 40도까지 떨어지는 눈 덮인 만주 벌판에서 장갑도 하나 없이 발에는 짚신을 신고 있고, 먹을 게 없어 배가 고프니 새끼줄로 겨우 허리를 졸라맨 모습이다.

   이분이 왜 이렇게 극한의 상황에서도 독립 운동을 하는가? 이분에게도 분명 사랑하는 가족들이 있을 것이고, 그리고 붙잡히면 이렇게 목이 잘려서 죽임을 당할 것을 뻔히 알고 있을 텐데……

   오직 한 뜻, 조국의 독립이라는 대의를 가슴에 품은 사람만이 할 수 있는 일이다.

   이 당시 독립운동을 하려면 세 가지 죽을 각오가 되어 있어야 한다고 했다. 얼어 죽을 각오, 굶어 죽을 각오, 그리고 붙잡혀서 고문 당하다 죽을 각오.

   이분의 이름이 뭔지?, 가족은 어떻게 되는지?, 언제 돌아 가셨는지에 대해 아는 이는 아무도 없다. 그냥 이렇게 사진만 한 장 덩그러니 남아 있을 뿐이다. 추위와 굶주림과 두려움 속에서도 오직 조국의 독립을 위해서 싸운 분이다.

이런 분들이 있었기에 내가 지금 이 땅에 이렇게 서 있을 수 있다는 사실을 정확히 알아야 한다. 내가 지금 여기 있을 수 있는 것이 바로 이분들과 같은 이름 없는 독립군 용사들의 희생이 있었기에 가능하다는 것을 알게 되면 내 눈앞에 있는 돌멩이 하나도, 나무 한 그루, 풀 한 포기도 그냥 보아 넘길 수 없다.

이런 분들의 희생에 보답하는 길은, 다시는 이 땅에 이런 일이 되풀이 되지 않도록 우리가 바른 역사의식을 가지는 것이며, 우리의 아이들이 안전하게 살수 있는 땅을 물려주는 것 아니겠는가?

100년 전 이 땅의 독립을 위해 자신의 모든 것을 던졌던 우리 선배님들에 대해서 알아보자.

독립운동가들에 대한 호칭은 지사(志士)와 열사(烈士) 그리고 의사(義士)로 부르는데, 뜻이 비슷하면서도 조금씩 차이가 있다. 이중 독립운동가들을 통칭해서 '지사'라고 하는데 일부에서는 광복 후까지 살아남은 분들을 '지사'라 부르기도 한다. 그래서 '애국지사'라 부르는데, 대표적인 분으로 김구 선생이 계시고, 독립운동을 하다가 김구 선생과 함께 귀국을 해서 대한민국 부통령을 역임하셨던 이시영 선생이 계시다.

두 번째는 열사인데 비폭력적인 방법으로 저항하신 분들을 열사라 칭한다. 대표적인 분으로 유관순 열사가 계시고, 을사늑약을 반대하며 스스로 자결하신 민영환 열사, 헤이그 특사로 파견되었으나 뜻을 이루지 못하고 자결한 이준 열사가 있다.

세 번째로 의사가 있다. 무기를 들고 직접적으로 독립운동을 하신 분들을 '의사'라 한다. 안중근, 윤봉길, 이봉창, 백정기 등과 같은 분들이 모두 의사이다.

효창공원에 있는 삼의사 묘역

서울시 용산구 효창동 효창 공원에 가면, 윤봉길·이봉창·백정기 세 분의 독립 투사를 모신 삼의사 묘역이 있고, 그 앞에 '유방백세(流芳百世)'라는 글이 있다. 혹시 이 뜻과 유래를 알고 계시는지?

흐를 류(流), 향내 날 방(芳), 일백 백(百), 세대 세(世)

중국 동진(東晉)의 장군 환온(桓溫)의 고사에서 유래된 말인데, '꽃다운 향기여 영원하라', '향기가 백세에 걸쳐 흐른다'는 뜻으로 꽃다운 이름이 후세에 길이 전함을 이르는 말이다.

　　8·15광복 이후 꿈에 그리던 조국으로 돌아온 김구 선생께서 가장 먼저 한 일은 독립운동을 위해 목숨을 바친 의사들의 유해를 봉안해 오는 일이었다. 그중에서 이봉창·백정기·윤봉길 세 분의 유해를 봉안해서 모신 곳이 '삼의사 묘역'이다. 그리고는 매번 중요한 결정을 해야 할 일이 있을 때마다 이곳을 찾아와서 의견을 묻곤 하던 김구 선생이 세 분의 숭고한 뜻을 기리기 위해 '유방백세'라는 글을 써 놓으셨다.

안중근의사의 허묘

　　이 삼의사 묘역에는 세 분의 의사묘 외에 특이한 한기의 묘가 더 있는데, 이른바 '허묘(가묘)'이다. 하얼빈 역에서 이토 히로부미를 사살한 안중근 의사의 유해를 찾으면 모시려고 김구 선생께서 준비해 놓은 곳이다.

그러나 안중근 의사의 유해를 찾기 위해 백방으로 노력하던 김구 선생도 결국 총탄에 돌아가시고, 존경하는 삼의사 묘역 옆에 묻히고 만다. 그리고 안중근 의사 의거 100년이 지난 지금, 아직도 안중근 의사의 묘는 허묘로 남아 있다. 나라를 위해 자신의 모든 것을 던진 안중근 의사의 유언을 아직 대한민국은 지키지 못하고 있는 것인데, 참으로 안타까운 일이다.

3·1운동의 상징, 유관순 열사

18세의 꽃다운 나이로 독립운동을 하다 서대문 형무소에서 순국 하신 유관순 열사!

그녀는 어린 나이임에도 그 삶은 나라 사랑, 바로 그 자체였다.

> 내 손톱이 빠져나가고 내 귀와 코가 잘리고 내 손과 다리가 부러져도 그 고통은 이길 수 있사오나 나라를 잃어버린 그 고통만은 견딜 수가 없습니다.

서대문 형무소에서 온갖 탄압과 고문에도 굴하지 않고 옥중 만세를 불렀고, 특히 1920년 3월 1일에는 3·1운동 1주년을 맞이해서 수감 중인 동지들과 함께 대대적인 옥중 만세운동을 주도하기도 하였다.

이 일로 인하여 유관순 열사는 지하 감방에 감금되어 무자비한 고문을 당하게 되었고, 결국 고문으로 인한 장독(杖毒)으로 1920년 9월 28일, 서대문 형무소에서 18살의 꽃다운 나이로 순국하고 말았다.

마지막으로 죽기 직전 유관순 열사는 "나라에 바칠 목숨이 오직 하나밖에 없는 것만이 이 소녀의 유일한 슬픔입니다."라는 유언을 남겼다.

순국 후에 그의 모교 이화학당의 주선으로 일본관헌이 지켜보는 가운데 서울 이태원 공동묘지에 안장되었으나, 일제가 군용지 사용이라는 미명하에 파헤쳐 흔적조차 알 수 없게 되었다. 이를 안타까이 여긴 유관순 기념사업회는 유관순 열사의 영혼을 위로하고자 순국 69년만에 초혼묘를 봉안하여 고귀한 애국정신을 계승토록 하였다.

충남 천안시 병천면에 있는 유관순 열사의 초혼묘

유관순 열사   유관순 열사의 수형기록표

독립을 위해 산화한 영원한 청년, 윤봉길 의사

윤봉길 의사는 19세의 젊은 나이에 농촌계몽운동에 뛰어든다. 야학당을 개설하고 한글을 교육하는 등 문맹퇴치와 민족의식 고취에 심혈을 기울였다. 하지만 계몽운동만으로는 독립을 이룰 수 없다는 한계를 인식하고, 1930년 3월 6일 '장부출가 생불환(丈夫出家 生不還)'* 이라는 비장한 글을 남긴 채 정든 가족을 뒤로하고 독립의 의지를 불태우며 중국 망명

매헌 윤봉길 의사, 장부출가 생불환

의 길에 오른다. 이때 윤봉길 의사의 나이 23세, 집에는 강보에 쌓인 아이가 있었다. 망명에 이르기까지 윤봉길 의사의 고뇌와 결단은 윤봉길 의사의 어록에 잘 나와 있다.

사람은 왜 사느냐
이상을 이루기 위하여 산다.

보라! 풀은 꽃을 피우고 나무는 열매를 맺는다.
나도 이상의 꽃을 피우고
열매 맺기를 다짐하였다.

우리 청년시대에는 부모의 사랑보다
형제의 사랑보다 처자의 사랑보다도
더 한층 강의(剛毅)한 사랑이
있는 것을 깨달았다.
나라와 겨레에 바치는 뜨거운 사랑이다.

나의 우로(雨露)*와 나의 강산과
나의 부모를 버리고라도
그 강의한 사랑을 따르기로 결심하였다.

1931년 중국 상해에 도착하여 조국독립을 앞당길 수 있는 길을 찾던 윤봉길 의사는 백범 김구 선생과 운명적으로 조우하게 된다. 백범 김구 선생과 의열투쟁의 구체적인 방안을 모색하던 중 〈상해 일

---

* 장부출가 생불환(丈夫出家 生不還) : 대장부가 뜻을 위해 집을 떠나면 그 뜻을 이루기 전에는 살아서 돌아오지 않는다.
*우로(雨露) : 비와 이슬, 우로지택(雨露之澤)에서 나온 말로 임금이 내려주시는 큰 은혜란 뜻인데, 여기서는 살아오면서 '주변 사람들에게 받은 은혜'의 뜻

일신문〉에서 1932년 4월 29일 일왕(日王)의 생일날 일본군의 상해사변 전승 축하식을 상해 홍구공원에서 거행할 예정이라는 보도를 접하고, 드디어 자신의 몸을 던져 독립의 소망을 이루기 위한 기회를 맞게 된다.

1932년 한인애국단에 입단할 때 쓴 선언문과 함께 찍은 사진

의거 3일 전에 이 의거가 개인적 차원의 행동이 아니라 한민족 전체의사의 대변이라는 점을 세계에 알리기 위해 백범 선생이 주도하던 한인애국단에 가입한 윤봉길 의사는

"나는 적성(赤誠)*으로써 조국의 독립과 자유를 회복하기 위하여 한인애국단의 일원이 되어 중국을 침략하는 적의 장교를 도륙하기로 맹세한다."라는 선언문을 작성한다.

---

* 적성(赤誠) : 진실에서 우러나오는 참된 정성

만반의 준비를 마치고 거사일인 4월 29일 아침, 윤봉길 의사는 백범 김구 선생과 아침을 함께 한다. 그리고 김구 선생의 낡은 시계를 보고는 자기의 시계와 바꾼다. 그때의 정경을 김구 선생은 『백범일지』에 이렇게 전한다.

김구 선생과 윤봉길 의사의 시계

식사도 끝나고 시계가 일곱 점을 친다. 윤군은 자기의 시계를 꺼내어 주며 '이 시계는 6원을 주고 산 시계인데, 선생님 시계는 2원짜리니 제 것하고 바꿉시다. 제 시계는 한 시간밖에는 쓸 데가 없습니다' 하기로, 나도 기념으로 윤군의 시계를 받고 내 시계는 윤군에게 주었다.

– 김구, 『백범일지』

그리고 1932년 4월 29일 11시 40분경, 홍구공원에서 도시락에 장착한 폭탄을 투척한다. 윤봉길 의사의 이 폭탄투척의거로 시라카와 대장과 카와바다 거류민단장은 그 자리에서 즉사하고, 노무라 중장은 실명, 우에다 중장은 다리가 부러졌으며, 시계미츠 공사는 절름발이가 되고, 무라이 총영사와 토모노(友野) 거류민단 서기장도 중상을 입었다.

윤봉길 의사의 이 쾌거는 곧 전 세계의 이목을 집중시켰을 뿐 아니라 꺼져 가는 독립운동의 불씨에 기름을 끼얹었다. 중국의 장개석 총통은 이 쾌거에 대해 "중국의 백만 대군도 못한 일을 일개 조선청년이 해냈다."며 감격해 했으며, 개인적으로 윤봉길 의사의 가족들에게 생활비를 보내기도 했다.

그리고 중국정부는 그동안 무관심으로 일관했던 대한민국임시정부에 대한 전폭적인 지원을 약속하였고, 이에 침체일로에 빠져 있던 임시정부가 다시 독립운동의 구심체로서의 역할을 수행할 수 있는 계기가 마련되었다.

이후 윤봉길 의사는 일본 오사카로 호송된 뒤 1932년 12월 19일 가나자와(金澤) 육군형무소 공병 작업장에서 총살로 순국한다. 이때 윤봉길 의사의 나이 25살이었다. 윤의사의 유해는 쓰레기하치장에 버려졌고, 광복 후인 1946년에야 조국에 봉환, 효창공원에 안장되었다.

거사를 며칠 앞두고 사랑하는 두 아들에게 보낸 다음과 같은 유언은 나라를 향한 윤봉길 의사의 절절한 사랑을 엿보게 한다.

윤봉길의사의 두 아들 모순(模淳)과 담(淡)

강보에 싸인 두 병정(아들)에게

너희도 만일 피가 있고 뼈가 있다면
반드시 조선을 위해 용감한 투사가 되어라.
태극의 깃발을 높이 드날리고
나의 빈 무덤 앞에 찾아와 한잔 술을 부어 놓으라.
그리고 너희들은 아비 없음을 슬퍼하지 말아라.

민족의 영웅 안중근 의사, 그의 불꽃 같았던 삶

"이토를 죽인 것은 나 일개인을 위한 것이 아니고, 동양평화를 위한 것이다."

1909년 10월 26일, 30세의 나이로 하얼빈 역에서 이토 히로부미를 총살한 안중근 의사는 "나는 이토가 한국의 독립주권을 침탈한 원흉이며 동양 평화의 교란자이므로 개인 자격이 아닌 대한 의용군 사령관으로 총살하였다."고, 당당하게 심문에 응하였다.

하늘이 사람을 내어 세상이 모두 형제가 되었다. 각각 자유를 지켜, 삶을 좋아하고 죽음을 싫어하는 것은 누구나 가진 떳떳한 정이라. 오늘날 세상 사람들은 이 시대를 의례히 '문명한 시대'라 일컫지마는 나는 그렇지 않은 것을 탄식한다.
무릇 문명이란 것은, 동서양의 잘난 사람 못난 사람 남녀노소를 물을 것 없이 각각 천부의 성품을 지키고 도덕을 숭상하여 서로 다투는 마음이 없이 제 땅에서 편안히 생업을 즐기면서 같이 태평을 누리는 이것을 가히 문명이라 할 수 있다. 그런데, 오늘의 시대는 그렇지 못하여 이른바, 상등 사회의 고등인물들은 의논한다는 것이 서로 경쟁하는 것이요, 연구한다는 것이 사람 죽이는 기계다.

슬프다. 천하대세를 멀리 걱정하는 청년들이 어찌 팔짱만 끼고 아무런 방책도 없이 앉아서 죽기를 기다리는 것이 옳을까 보냐. 그러므로 나는 생각다 못하여 하얼빈에서 총 한 방으로 만인이 보는 눈앞에서 늙은 도적 이토 히로부미의 죄악을 성토하여 뜻 있는 동양 청년들의 정신을 일깨운 것이다.

― 1909년 11월 6일 오후 2시 30분 여순 옥중에서

이토를 사살한 후에 보여 준 이러한 당당함으로 안중근 의사는 오히려 일본인들로부터 존경을 받았다. 일본인들이 자신들의 영웅을 사살한 사람인데도 불구하고 존경했다는 것은 안중근 의사의 인품과 식견, 그리고 애국심에 감동을 받았다는 증거이다.

안중근 의사가 사형언도를 받고 여순(旅順)감옥에 있을 때 형무소장은 '쿠리하라 사다키치(栗原貞吉)'였고, 간수장은 헌병 '치바 토시치(千葉十七)'였다. 형무소장 쿠리하라 사다키치가 안중근 의사께서 집필하던 『동양평화론』의 완성을 위해 사형집행을 보름만 연기해 달라고 상부에 요구했으나, 거절당하는 바람에 안중근 의사의 『동양평화론』은 결국 완성을 보지 못했다. 이에 쿠리하라는 "당신을 도와주지 못해 정말 안타깝다."라고 했다.

안중근 의사가 여순감옥에서 공판정을 오갈 때마다 경호를 맡았던 간수장 치바 도시치는 안중근 의사의 사상과 인격에 매우 감복하여 그를 정신적 스승으로 받들었다. 안중근 의사는 자신을 잘 대해

보물 제569-23호

준 치바 토시치 간수에게 '위국헌신 군인본분*'이라는 휘호를 써서 선물로 주었다. 사형을 하루 앞둔 상태에서 쓴 글이라 전해지는데, 한 치의 흔들림도 없이 당당한 글이다.

존경하는 안중근 의사의 휘호를 받고 너무나 감격한 치바 간수장은 이 휘호를 고이 간직하다가 귀국할 때 고향으로 가져온다. 그리고 고향 센다이시에서 철도원으로 근무하면서 그가 사는 집 근처에 있는 절(대림사)에 안중근 의사가 주신 휘호를 비석에 새겨 세우고, 또 안중근 의사의 반명함판 사진과 이 유묵을 모셔 놓고 매일 참배를 하였다. 1934년, 49세의 나이로 치바 간수가 죽기 전에 부인 기츠요에게도 매일 참배를 잊지 말 것을 얘기했고, 이어서 양녀이며 질녀인 미우라 쿠니코 씨가 이 유지를 이었다.

안중근의사의 이 유묵은 1980년 미우라 씨로부터 헌납을 받아 안중근 의사 숭모회에 기증되었으며, 1980년 8월 30일 보물로 지정되었다.

---

*위국헌신 군인본분(爲國獻身 軍人本分): 나라를 위해 헌신함이 군인의 본분이다.

안중근의사의 위패   대림사(大林寺)에 있는 유묵글씨를 조각한 편창비

안중근 의사가 여순감옥에서 사형 당하기 전까지 3개월 정도의 시간 동안 쓴 유묵이 200여 개 정도 된다고 알려지고 있다. 그 대부분의 글들을 살펴보면, 안중근 의사의 나라에 대한 사랑과 충(忠) 그리고 흔들리지 않는 내면세계가 담겨 있다.

이런 모습을 보면서 많은 일본인들이 안 의사를 존경하는 마음에 안 의사의 유묵을 받기를 원했다. 그래서 200개 중 대부분은 일본 어디엔가 흩어져 있고, 우리나라에는 개인소장을 포함해서 57개의 안 의사 유묵이 알려지고 있는데, 그중 26개가 보물로 지정되어 있다.

한 개인의 유묵이 26개나 보물로 지정된 것은 안중근 의사가 처음이다. 그래서 안중근 의사의 유묵을 가리켜 흔히 '신품(神品)'이라 부른다.

오른쪽 '증' 안강검찰관이라고 되어 있는데, 당시 여순법원 검찰관 야스오카 세이시로(安岡靜三郞)가 안 의사에게 친절하게 대해준 데 대한 보답으로 증정한 것으로, 사후 장녀 우에노 노시코(上野俊子)가 소장하다 1976년 동경국제한국연구원을 통해 안 의사의 기념관에 기증되었다.

안의사의 어머니 조 마리아(본명 조성녀, ? ~ 1927년) 여사가 참 대단하시다. 안중근 의사가 있는 여순감옥을 한 번도 찾지 않았는데, 순국 직전에 손수 지은 수의를 아들에게 보내면서 이렇게 편지를 보냈다.

어머니가 지은 수의를 입고 있는 안중근 의사의 순국 직전 마지막 모습

네가 만약 늙은 어미보다 먼저 죽은 것을 불효라 생각한다면 어미는 웃음거리가 될 것이다. 옳은 일을 하고 받은 형이니 비겁하게 삶을 구하지 말고 떳떳하게 죽는 것이 어미에 대한 효도이다.
살려고 몸부림하는 인상을 남기지 말고 의연히 목숨을 버리거라.
너의 죽음은 너 한 사람의 것이 아니다. 한국 사람 전체의 분노를 짊어지고 있는 것이다.

세상에 어떤 어머니가 사형을 앞둔 아들에게 이런 글을 보낼 수 있겠는가? 참으로 그 어머니에 그 아들이 아닐 수 없다.

> 내가 죽은 뒤에 나의 뼈를 하얼빈 공원 곁에 묻어 두었다가 우리의 국권이 회복되거든 고국으로 반장*해다오. 나는 천국에 가서도 또한 마땅히 우리 나라의 회복을 위해 힘쓸 것이다. 대한독립의 소리가 천국에 들려오면 나는 마땅히 춤추며 만세를 부를 것이다.
>
> -안중근 의사의 마지막 유언

안중근 의사 의거 100년이 넘었으나 아직 우리 대한민국은 이 안중근 의사의 유언을 지키지 못하고 있다. 효창공원 삼의사 묘역에는 유해를 찾지 못한 안중근 의사의 묘가 '허묘'로 남아 있다.

노블레스 오블리주의 실천가, 우당 이회영

노블레스 오블리주(noblesse oblige)란 원래 프랑스어로 노블레스(noblesse)는 '귀족 계층'이라는 명사이고, 오블리주(oblige)는 '의무를 진'이란 형용사로 말하자면 '사회 고위층 인사에게 요구되는 높은 수준의 도덕적 의무'를 말한다. 정당하게 대접받기 위해서는 명예(노블레스)만큼 의무(오블리주)를 다해야 한다는 뜻이다.

---

*반장(返葬) : 객사한 사람을 그가 살던 곳이나 고향으로 옮겨 장사지냄

로마의 귀족들은 전쟁이 일어나면 제일 먼저 앞장 서는 모범을 보였고, 피를 보는 일은 대부분 귀족계급이 담당하였다. 그러다 보니 처음 로마의 원로원은 100명의 유력가문으로 시작했는데, 500년이 지나고 나니 그 가문 중 80개가 사라져 버렸다. 이렇게 상위 지배계층들이 먼저 솔선수범해서 행동으로 보여 주니 평민들은 따르지 않을래야 않을 수가 없었다.

이처럼 로마 귀족들이 보여 주었던 노블레스 오블리주의 전통은 유럽 사회를 관통하는 핵심 윤리였다. 『로마인 이야기』의 저자 시오노 나나미는 로마의 2천 년 역사를 지탱한 힘이 바로 노블레스 오블리주의 철학에 있었다고 말한다.

로댕의 작품인 〈칼레의 시민상〉

1347년, 영국과 프랑스 사이 백년전쟁이 한창이던 시절 영국의 왕 에드워드 3세는 프랑스 북부의 조그마한 항구도시인 칼레의 함락을 앞두고 있었다. 이때 에드워드 3세는 백기를 든 칼레의 시민대표에게 자비를 베푸는 대신 여섯 명의 목숨을 대가로 내놓으라고 말한다.

이에 칼레에서 가장 부유한 시민이었던 외스타슈 생 피에르가 스스로 희생을 자처한다. 그의 행동에 용기를 얻어 지원자들이 나서기 시작했는데, 그들은 시장, 상인, 법률가 등 모두 귀족들이었다.

그런데 공교롭게도 에드워드 3세가 요구한 것보다 한 명 더 많은 일곱 명의 지원자가 나서게 되었다. 그러자 처음 나섰던 생 피에르는 다음 날 장터에 가장 늦게 나온 사람이 빠지도록 하자는 의견을 낸다.

다음 날 여섯 명이 장터에 모였는데, 막상 의견을 냈던 생 피에르의 모습이 보이지 않았다. 이것을 본 시민들은 모습을 드러내지 않는 생 피에르를 비난하면서 야유를 보냈다. 하지만 곧이어 나타난 생 피에르의 아버지가 자기 아들의 죽음을 전한다. 여섯 사람의 마음이 흔들리지 않게 하기 위해 생 피에르는 스스로 목숨을 끊은 것이다. 이 얘기를 전해 들은 에드워드 3세는 감동한 나머지 '칼레의 시민들'을 모두 살려서 돌려보낸다.

이 '칼레의 시민들' 얘기가 노블레스 오블리주가 거론될 때면 가장 많이 회자되는 얘기다. 평상시에는 군림을 하지만 전쟁이 나면 선두에서 용기와 희생을 보여 줌으로써 지도층이라는 지위를 획득할 수 있었던 것이다.

또 하나의 얘기, 이 조각상의 유래를 아시는가?

이 사자상은 덴마크의 유명 조각가 토르발트젠의 작품이다. 프랑스혁명 당시 루이 16세와 마리 앙투아네트를 지키다가 전사한 786명의 스위스 용병의 충성을 기리기 위해 세웠으며, 이 사자상에는 그 때 전사한 스위스 병사들의 이름이 전부 새겨져 있다.

스위스 루체른에 있는 '빈사의 사자상'

이탈리아 수도인 로마 안에는 바티칸이라는 또 하나의 나라가 있다. 인원이 1000명도 채 안 되는 세상에서 가장 작은 나라지만, 엄연한 국가이다. 그러다 보니 이 나라에도 지키는 군인이 있게 마련인데, 그 군인이 바로 스위스 용병이다. 교황의 나라 바티칸은 이탈리아의 한 가운데 있으면서도 다른 많은 나라 중에서도 유독 스위스 용병만을 고집하는데, 그 이유는 뭘까? 그 이유를 알기 위해서는 500년 전으로 역사를 거슬러 올라가 볼 필요가 있다.

스위스가 지금은 국민소득 7만 불로 아주 잘사는 나라에 속하지만, 그 옛날 농업국가였던 중세 스위스는 80% 이상이 산악인데다

농경지도 대부분 척박한 환경이라 유럽에서도 아주 못사는 나라 중 하나였다. 그나마 농사철이 지나고 나면 먹고 살 게 없었던 가난한 스위스 정부는 돈을 받고 대신 싸우는 용병 부대를 조직해서 수출하기 시작했고, 밭 갈고 농사짓는 것보다 훨씬 수입이 좋았던 용병은 일약 스위스 농민들이 선호하는 최고의 직업이 되었다.

그런데 1527년 교황 클레멘트 7세가 기거하던 교황청에 전대미문의 사건이 발생한다. 바로 2만 명이 넘는 신성 로마제국 혼성군이 교황청으로 쳐들어 온 것이다. 당시 교황청 외곽이 돌파 당하고 근위병으로 근무하던 189명의 스위스 근위대들만이 남게 되었다.

하지만 이 위급한 상황에서도 그들은 한 치도 물러서지 않았다. 189명에 불과한 스위스 근위대원들이 2만 병력을 막아 내며 시간을 버는 동안 클레멘트 7세는 간신히 피신했고, 스위스 근위대는 그 자리에서 147명이 사망하는 치명적 손실을 입고 말았다.

거의 전멸을 당하는 고통 속에서도 고용주를 위해 한 치도 양보하지 않았던 그들의 철저한 충성심과 계약정신은 스위스 용병에 대한 평가를 한 단계 높이는 극적인 사건이 되었다. 이것을 계기로 스위스 용병에 대한 평가는 급상승하였고, 이 희생에 감사한 교황청은 500년이 흐른 지금까지도 근위대는 스위스 용병으로 운영되는 전통이 생겨난 것이다.

이 스위스 용병들의 진가를 입증하는 사건이 다시 한 번 일어난 것은 1792년 8월 10일 프랑스혁명 때였다. 당시 성난 시위대와 시민군에 겁을 먹은 루이 16세는 궁의 경비를 맡고 있던 1000여 명의 스위스 근위대에게 불필요한 교전을 벌이지 말고 혁명군에 항복하라는 명령을 내리고는 가족과 함께 급히 궁에서 탈출하였다.

하지만 이러한 루이 16세의 명령에도 불구하고, 스위스 근위대는 단 한 명도 자리를 떠나지 않고 끝까지 시민군의 진입을 저지하였고, 근 700명이 넘는 스위스 병사들은 대부분 사살되거나, 처형당하고 그나마 살아남은 이들도 후유증으로 대부분이 사망하고 말았다.

용병이라면 말 그대로 돈을 받고 고용된 사람들일 뿐인데, 왜 이들은 어리석을 만큼 고집스럽게 고용주와의 약속을 위해 죽음까지 마다하지 않는 선택을 했던 것일까? 그 이유는 당시 전사한 한 용병이 가족들에게 보내려 했던 편지에 잘 나와 있다.

> 내가 여기서 도망쳤을 경우, 우리 스위스 용병들은 신용을 잃을 것이고 그러면 앞으로는 어느 누구도 우리 스위스 군인을 용병으로 쓰지 않을 것이다. 우리 후손들을 위해, 그리고 스위스 근위대라는 명예를 위해 자랑스런 죽음을 택할 것이다.

한번 계약을 하면 죽음으로써 이행하는 이 스위스 용병들의 자세에 감동하여 후일 나폴레옹 1세는 그들의 적이었던 스위스 용병들을 다시 프랑스군에 고용함으로써 그들의 용맹성을 높게 평가했다.

지금 전 세계에서 호평 받고 인정받는 스위스 제품에 대한 강한 신뢰감의 이면에는 고용주의 믿음을 저버리지 않기 위해 흘려야 했던 그 선조들의 피와 눈물이 서려 있는 것이다.

이 '빈사의 사자상'에는 스위스 용병들을 상징하는 사자가 고통스럽게 최후를 맞이하는 모습이 묘사되어 있다. 끝이 부러진 창에 찔려 고통스럽게 죽어 가면서도 프랑스 부르봉 왕가의 문장이 새겨진 방패와 스위스 문장이 그려진 방패를 부둥켜 안고 있는 스위스 용병을 상징하는 사자의 모습이 새겨져 있다.

마크 트웨인은 이 사자기념비를 "세상에서 가장 슬프고도 감동적인 조각"이라고 묘사하였으며, 스위스인들은 이 조각상을 보며 현재의 스위스가 어떻게 건설될 수 있었는가에 대한 해답을 얻는다고 한다.

이런 이야기를 접하다 보면 우리를 돌아보게 된다. 그리고 "한국에는 왜 이런 노블레스 오블리주가 없는가?" 하는 의문으로 이어질 수밖에 없다. 한국이라고 왜 없겠는가? 잘 알려지지 않았을 뿐이지. 어쩌면 동양의 유교사상의 영향으로 '겸손'을 최고의 덕목으로 치다 보니 단지 스스로를 알리는 것에 소홀했을 뿐이다. 큰일을 하고도 자랑하는 것을 부덕의 소치로 보았던 유교의 영향이 컸던 탓이 아닐까?
그러나 무조건의 겸손만이 능사는 아니다. 알 것은 알아야 하고, 알릴 것은 알려야 하는 것이다.

지금은 그래도 꽤 알려진 편이기는 하지만, 한국의 노블레스 오블리주를 실천한 대표적인 한 집안을 소개하고자 한다.

소설가 박정선 씨가 쓴『백 년 동안의 침묵』이라는 책은 조국의 독립에 자신과 가문의 모든 것을 바쳤음에도 백 년 동안이나 우리에게 거의 알려지지 않았던 한 가문의 뜨거운 조국애를 다룬 소설책이다.

소설가 박정선 씨는 "이분과 그의 가문의 삶은 믿기지 않을 정도로 감동적이어서 글을 쓰다가 몇 번이나 엉엉 울었다."고 했다. 바로 백사 이항복의 11대손 우당 이회영과 6형제의 이야기다.

우당(友堂)
이회영(李會榮, 1867~1932) 선생

1910년 8월 22일 강제로 한일합방조약을 체결한 일제는 귀족령을 발표하여 합방에 공헌한 76명의 조선인들에게 일본 귀족과 유사한 공ㆍ후ㆍ백ㆍ자ㆍ남의 작위를 수여하고 은사금을 내려주었다.

이들의 면면을 보면, 을사오적의 주역이었던 이완용은 15만 엔, 현재가치로 약 30억 원을 하사 받았고, 고종의 친형인 이재면은 가장 많은 금액인 166억 원을 받았는데 한일병합 당시 현장에 있었다고 한다. 개화파인 박영효는 56억 원을, 송병준과 고영희는 20억 원을, 그리고 순종의 장인인 윤택영은 100억 8천만 원을 받았다. 당시 이 사람은 순종의 장인이 되기 위해 엄청난 로비를 하였다. 그래서 장인이 되고 난 후 빚을 청산하는 데 이 돈을 모두 썼고, 후에 아편 중독이 되어 작위도 박탈되었다고 전해진다.

일제는 가족 중에 친일을 선택한 사람이 한 사람이라도 나오면 온 집안 식구가 대를 물려가며 호화생활이 가능하도록 했다. 이렇듯 대한제국의 수많은 유력 가문 출신들이 노블레스 오블리주를 실천하기는커녕 오히려 일제에 나라를 팔아먹는 데 적극 협력했던 것이다.

이런 환경 속에서 조국의 독립을 위해 영하 40도의 매서운 찬바람 속에 만주로 떠나는 60여 명의 무리가 있었으니, 바로 우당 이회영과 6형제 일가였다.

우당 이회영 선생의 집안은 통일신라, 고려, 조선을 거쳐 최고의 벼슬을 한 세칭 삼한갑족*의 명문거족이며, 조선시대 영의정만 10명을 배출한 최고의 가문이었다. 한 집안에서 재상이 1~2명만 나와도 영광인데 10명이나 나왔으니 대단한 기록이 아닐 수 없다.

당시 이분들의 지위가 어느 정도인가 하면, 아버지 이유승은 병조판서이고 어머니는 이조판서 정순조의 따님이다. 그리고 둘째 이석영은 당시 영의정이었던 이유원을 양아버지로 두어서 가장 많은 재산을 소유했다. 그리고 이회영 선생 본인은 자신의 아들이 고종의 누님의 딸과 결혼하였을 정도로 황실과 가까운 친분이었다. 다섯째 이시영은 총리대신 김홍집의 사위로 평안도 관찰사, 한성고등법원

---

*삼한갑족(三韓甲族) : 예로부터 대대로 문벌이 높은 집안

판사까지 역임하였고, 후에 초대 부통령을 하신 분이다. 이렇듯 이 회영 일가는 최고의 명문가답게 권력과 지위, 재산을 모두 갖춘 대한민국 0.01%에 해당하는 집안이었다.

그냥 가만히 있기만 해도 부와 명예를 다 누릴 수 있음에도 불구하고 한일병합 당시 일제가 준 귀족작위와 수십억 원을 거절하고 가족 모두가 독립운동을 위해 만주로 집단망명을 떠난 것이다.

1910년 9월 하순경 전 가족이 만주로 독립운동을 떠날 것을 제의하고, 12월에 출발했으니 기껏 3~4개월 만에 재산을 급하게 처분했는데도 40만 원의 거금이었다. 당시 쌀 한 섬이 3원 정도였는데, 지금 시가로 보면 600억 원이나 되는 엄청난 재산이다. 이 정도의 재산을, 그것도 일제가 눈을 시퍼렇게 뜨고 감시하고 있는 상황에서 처분했으니 제값의 반의 반이나 제대로 받았을까? 제대로 받았다면 지금으로 환산하면 약 2조 원에 가까운 금액이라고 한다.

우당 이회영 선생은 이렇게 말한다.

우리 형제가 당당한 명문 호족으로서 차라리 대의가 있는 곳에 죽을지언정 왜적 치하에서 노예가 되어 생명을 구차히 도모한다면 어찌 짐승과 다르지 않겠습니까? 그리하여 우리 형제는 당연히 죽고 사는 것을 따지지 말고 나이든 이와 젊은 이, 어린이들을 인솔하고 중국으로 망명하는 것이 좋을 듯합니다. 식구들을 먼저 옮기고 나서 나는 동지들과 상의하여 국경 부근에 흩어져 독립운동 하는 사람들을 모으려 합니다.
그리하여 먼 훗날 하늘이 우리를 도와 왜적이 파멸하고 조국이 광복되도록 목숨을 바칠 것입니다. 이것이 대한의 민족 된 사람의 신분이요, 또 왜적과 피 흘리며 싸운 백사 이항복 공의 후손 된 도리라고 믿습니다. 원컨대 형님들과 아우님들은 제 뜻에 거스름이 없으시다면 우리 형제 모두 날을 잡아 하루라도 빨리 떠났으면 합니다.

– 이은숙, 『서간도 시종기』

이에 가장 부자였던 둘째 이석영 선생은 "일제의 재산은 한 푼도 받을 수 없고 쌀 한 톨도 먹을 수 없다. 망국의 노예는 이 땅에서 살수가 없다. 우리가 그동안 국가에서 그렇게 많은 녹을 먹은 명문세족이면 그에 마땅한 행동을 하는 것이 맞다."라고 하면서 흔쾌히 동참했다.

육형제 중 넷째인 이회영 선생의 이 말 한마디에 모든 일가가 흔쾌히 동의하고 동참한 것을 보면, 가문의 가풍을 익히 짐작할 수 있다. 이회영은 여섯 형제 중 넷째인데, 위로 이건영, 이석영, 이철영이 있었고 아래로 이시영과 이호영이 있었다.

이에 대해 월남 이상재 선생은 "동서 역사상 나라가 망한 때 독립을 위해 나라를 떠난 충신 의사가 수백 수천에 지나지 않는다. 그러나 우당 일가족처럼 6형제 일가족 60여 명이 한마음으로 결의하고 나라를 떠난 일은 전무후무한 것이다. 장하다! 우당의 형제는 참으로 그 형에 그 동생이라 할 만하다. 6형제의 절의는 참으로 백세청풍*이 될 것이니 우리 동포의 가장 좋은 모범이 되리다."라고 칭송했다.

우당 일가족이 전 재산을 판돈으로 설립한 곳이 독립군 배출의 산실인 신흥무관학교였다. 신흥무관학교는 숙식이 모두 무료였고, 1919년 11월 안도현 삼림지역으로 이동할 때까지 약 3,500여 명의 졸업생을 배출했다. 신흥무관학교 출신들은 중국은 물론 국내에서 벌어진 수많은 항일무장투쟁의 선봉이었다. 독립운동사에서 가장 빛나는 전투인 청산리 전투의 정예요원들은 우당 집안이 내놓은 재산을 기반으로 해서 길러진 독립군들이었던 것이다.

또한 우당은 보이지 않는 곳에서 독립운동가들의 벗이 되어 사상적 기틀을 제공하였으며, 고종의 망명까지 추진했던 독립운동가들의 숨어있는 대부였다.

> 우당 집에서 밥 얻어먹지 않은 사람은 독립운동가가 아니다.
> – 금산 유석현(독립운동가)

그러나 금방 올 것 같았던 독립의 길은 멀고도 험했다. 많은 이들이 나라의 독립을 위해 헌신할 때는 독립이 금방 올 줄 알았다. 그러나 5년이 지나고 10년, 20년이 지나도 독립은 요원하기만 했고, 독립운동에 투신하던 지사들이 서서히 지쳐가면서, 한 명 두 명 일본의 회유와 협박에 등을 돌리기 시작했다. 이들의 가장 큰 고통은 목숨을 걸고 함께 투쟁했던 동료들이 오히려 일본의 앞잡이가 되어서

---

*백세청풍(百世淸風) : 오래도록 부는 맑은 바람. 영원토록 변치 않는 맑고 높은 선비가 지닌 절개.

독립군 색출에 앞장서는 모습을 보는 것이었다.

우당 일가족 역시 전 재산을 팔아 나라의 독립을 이루겠다는 열망으로 떠났건만, 만주에서의 생활은 만만치 않았다. 처음 가져간 재산은 독립자금으로 모두 사용되고, 자금이 바닥나면서 생활고에 시달릴 수밖에 없었다. 조선 최고의 갑부가 추위와 배고픔 속에서 고통의 나날을 이어 갔던 것이다. 이회영 선생의 부인 이은숙 여사의 자서전에 보면 "사는 것이 차라리 죽는 것보다 못했다."는 구절이 나온다.

> 쌀이 없어 종일 밥을 못 짓고 밤이 다 되었다. 때마침 보름달이 중천에 떴는데 아버님께서 시장하실 텐데 어디서 그런 기력이 나셨는지 처량하게 퉁소를 부셨다. '하도 처량하여 눈물이 저절로 난다'며 퉁소를 부시니 사방은 고요하고 달빛은 찬란한데 밥을 못 먹어서 배는 고프고, 이런 처참한 광경과 슬픈 일이 어디 있겠는가.
>
> – 이규창(이회영의 아들)

조선 최고의 갑부였던 둘째 이시영 선생은 결국 굶어서 죽고 만다.

그러나 독립의 불씨가 점점 꺼져 가는 이러한 암울한 시절에 일대를 뒤흔든 대 사건이 일어났으니, 바로 윤봉길 의사의 의거였다.

이 당시 절대 지지 않을 것이라 생각했던 대국 중국뿐 아니라, 러시아까지 일본에 패한 상황에서 승승장구하는 일본에게 거칠 것은 아무것도 없어 보였다. 이런 절망적인 시기에 일어난 윤봉길 의사의 쾌거는 한 번에 판도를 뒤엎을 수 있는 엄청난 사건이었다. 이는 우리나라뿐 아니라 중국과 러시아 청년들의 가슴에도 희망의 불을 당긴 일이기도 했다.

이회영의 마지막 선택

이때 우당 이회영 선생은 윤봉길 의사의 쾌거로 촉발된 독립운동의 불씨를 살리기 위한 마지막 선택을 한다. 독립운동 현장으로 직접 뛰어들 결심을 한 것이다.

이회영 선생은 독립운동가들에게 대부 역할을 하시던 분이기도 하지만, 그 당시 나이가 66세이니 지금으로 따지면 80세에 가까운 고령의 나이다. 이런 분이 독립운동 투쟁의 현장에 직접 가겠다고 하니, 당연히 주변에서는 모두가 말릴 수밖에 없었다.

그때 그 만류를 뿌리치고 떠나면서 이회영 선생이 한 말씀이 있다.

인간으로 세상에 태어나서 누구나 자기가 바라는 목적이 있네.
이 목적을 달성한다면 그보다 더한 행복은 없을 것이네.

그리고 그 목적을 달성하기 위해서
그 자리에서 죽는다 하더라도 이 또한 행복 아닌가.

남의 눈에는 불행일 수도 있겠지만
죽을 곳을 찾는 것은 옛날부터 행복으로 여겨 왔네.

내 나이 이미 60을 넘어 70이 멀지 않았잖는가.

그런데 이대로 죽기를 기다린다면
청년동지들에게 부담을 주는 방해물이 될 뿐이니

이것은 내가 가장 부끄러워하는 바요,
동지들에게 면목이 없는 일이네.

1932년 11월 초, 이회영 선생은 상해의 황포강 부두에서 허름한 중국 옷을 입은 중국인으로 변장하여 영국 선적인 남창호에 오른다.

독립에 대한 열망으로 가문전체가 망명한 지 22년! 그 긴긴 세월을 오직 한 가지 목적, 조국의 독립을 위해 살아온 이회영 선생은 그간의 숱한 고초를 뒤로하고 이제 새로운 독립투쟁의 역사가 열릴 것이라 믿어 의심치 않았다.

그러나 안타깝게도 이회영 선생의 그 꿈은 시작도 하지 못한 채 사그라지고 만다. 일제 밀정의 밀고로 대련 부두에서 출발 전에 체포되고 말았던 것이다. 체포 후 곧바로 여순감옥으로 이송된 이회영 선생은 그곳에서 혹독한 고문을 받았지만, 지독한 고문 속에서도 젊은 동지들을 보호하기 위해 한마디도 하지 않았다. 그러나 노회한 칠순 노인의 몸은 그 모진 고문을 이겨 내지 못했다. 1932년 11월 17일, 이회영 선생은 차디찬 감옥에서 옥사하고 만다.

일제는 이회영 선생이 대한민국 독립운동의 대부로 워낙 영향력이 큰 분이다 보니 서둘러 시신을 화장하고 그의 딸에게 그 소식을 알렸다. 그리고 이회영 선생의 죽음을 알리는 짧은 글이 〈동아일보〉에 실렸다.

'大連警察署에 取調中 李會榮氏 永眠, 享年은 六十六歲'
(대련경찰서에 취조 중 이회영씨 영면, 향년 66세)

조국의 독립을 위해 60명의 전 가족이 한마음으로 영하 40도의 만주벌판으로 떠났던 가문, 그 가문의 중심에 서 있던 우당 이회영 선생!

독립운동의 아버지, 겨레의 큰 스승으로 알려진 김구 선생에 대해서는 한국인이라면 모르는 사람이 없지만, 김구 선생 못지않게 음으로 보이지 않게 활동한 우당 이회영 선생과 그 일가에 대해서는 거의 알려져 있지 않다. 특히 우당 이회영 선생은 사진 몇 장 남아 있지 않는데, 독립운동에 방해가 될까 해서 스스로 사진을 찍지 않았기 때문이다.

물론 독립운동에 큰일 작은 일이 따로 있는 건 아니겠지만, 우당 이회영선생은 독립운동의 실질적인 대부 역할을 하시던 분인데도 막상 그 분의 무덤은 눈에 잘 띄지도 않는 현충원의 한쪽 귀퉁이에 자리하고 있다.

우당 선생 못지 않게 그 가족들도 조국의 광복을 위해 투신했다. 첫째 이건영 선생은 선산 관리차 국내로 다시 들어왔다가 해방을 보지 못하고 사망했다. 그리고 가장 부자였던 둘째 이석영 선생은 상

현충원에 있는 우당 이회영선생의 묘소

해에서 홀로 굶어 죽었으며, 아직까지 그 유해를 찾지 못하고 있다.

셋째 이철영 선생은 신흥무관학교 교장으로 일하다가 병을 얻어 6형제 가운데 가장 먼저 사망하였으며, 막내 이호영 선생은 북만주 지역에서 의열 활동을 벌이다가 일가족이 모두 함께 몰살 당했다. 이들 육형제 가운데 살아서 독립을 맞이한 사람은 임정 국무령 출신인 다섯째 이시영 선생뿐이다.

꿈에 그리던 광복을 맞이해서 김구 선생을 비롯한 임정요원들이 귀국길에 올랐다. 다음 장의 사진에서 보면 다들 웃고 있지만 오른쪽 중간에 홀로 눈물 짓는 노인이 보인다. 이분이 바로 다섯째 이시영 선생이다.

이시영 선생의 이 눈물이 무엇을 의미하는가? 아마 광복에 대한 기쁨과 광복을 보지 못하고 간 다른 형제들에 대한 안타까움의 눈물이 아닐런지!

광복을 맞이 한 임정요원들

　사진의 제일 앞쪽에 김구 선생 앞에 흰 옷을 입고 서 있는 꼬마아이가 있다. 김구 선생께 화환을 전달한 이 아이가 우당 이회영 선생의 손자이자 문민정부 시절 국정원장을 지냈던 이종찬 의원이다.

　"우리 민족은 우당(友堂) 이회영 일가에 큰 빚을 졌다."는 월남 이상재 선생의 이 말 한마디가 우리 대한민국에도 노블레스 오블리주의 전형을 보여 준 위대한 가문이 있었음을 보여 준다.

　이분들이 이 땅을 위해 흘린 피와 눈물의 의미를 바로 알아야 한다. 이런 분들이 있었기에 지금의 대한민국이 있음을 우리는 잊지 말아야 할 것이다. 이 외에도 조국의 독립을 위해 몸 바치신 수많은 투사들이 있다. 그들을 재조명해서 역사를 바로 세우는 것이 지금 이 시대를 살고 있는 우리의 역할이 아닐까?

　역사는 필연적으로 반복된다. 정확한 역사의식과 함께 과거에 일어난 사건들을 제대로 인식하지 않는다면 과거의 아픔을 또 우리의 자손들이 반복할 우려가 있다.
　'현명한 자는 역사에서 배우고, 어리석은 자는 체험에서 배운다'는 말처럼 당한 뒤에 후회하지 말고, 과거의 아픔을 반면교사로 삼아 우리의 자손들에게 바른 역사의식을 물려주는 것 또한 우리의 사명일 터이다.

노래 〈눈물 젖은 두만강〉에 얽힌 사연

중국에서 입수한 작곡가 이시우 선생 사진

〈눈물 젖은 두만강〉.
　대한민국의 사람치고 아주 젊은 사람 아닌 이상, 이 노래를 모르는 사람은 거의 없을 것이다. 이 노래는 1937년 2월에 OK레코드사에서 발표한 노래다. 이 노래의 작곡자는 이시우 씨인데, 작사가는 이시우 씨이면서 또한 김용호 씨이기도 하다.

이 〈눈물 젖은 두만강〉은 TV가 많지 않던 시절, 12시 55분이면 늘 라디오에서 들려오던 아련한 추억의 소리다. KBS 방송국에서 1964년에 시작하여 36년 가까이 방송된 5분 드라마 《김삿갓 방랑기》에서 시그널 뮤직으로 방송되었기 때문이다.

40대 넘은 이들은 누구나 한 번씩은 불러 본 노래가 바로 〈눈물 젖은 두만강〉인데, 이 노래에도 가슴 아픈 사연이 담겨 있다. 아래는 북한의 월간 대중잡지 『천리마』 2005년 5월호에 게재된 것이라고 알려져 있는 내용이다.

일본에게 나라를 빼앗긴 우리 민족은 일제의 탄압에 시달리다 못해 고향을 버리고 타관 땅으로 정처 없이 떠돌며 나라 잃은 설움을 달래던 시절이 있었다.

1935년 당시 연극단 '예원좌'에 속해 있던 청년 작곡가 이시우도 이중 하나였다. 여기저기 중국 부락들을 찾아 다니며 순회공연을 하다가 어느 날 두만 강변의 조그만 도시인 도문의 한 여관에다 여장을 풀었다.

유랑생활의 고단함을 달래려 누워 잠을 청하고 있던 청년 이시우는 옆방에서 난데없이 들려오는 여인의 비통하고 애절한 울음소리에 깜짝 놀랐다. 그 오열하는 여인의 울음소리에 밤새 잠을 이루지 못하고 뜬눈으로 밤을 꼬박 새웠던 이시우는 다음 날 여관집 주인에게 오열하던 여인의 사연을 물어보았다.

　여관집 주인이 이시우에게 들려준 사연은 이렇다. 여인의 남편은 독립운동가인데, 독립운동을 위해 고국을 떠난 후 소식이 끊어진 지 오래되었다. 오랫동안 소식을 기다리다 지친 아내는 그 남편을 찾아 수천 리 머나먼 중국 땅을 찾아 헤매다, 수소문 끝에 여기까지 흘러 들어 왔다. 그러다 이 여관에서 우연히 자기 남편이 일본군과 싸우다 총을 맞고 전사했다는 소식을 듣는다. 남편을 찾겠다는 그 마음 하나로 수천 리 길을 마다 않고 찾아왔던 아내는 청천벽력 같은 소식을 듣고 하늘이 무너지는 듯했다. 더구나 소식을 들은 그날이 남편의 생일이라 더 가슴이 미어졌다. 형편이 되지 않아 술이나 한 잔 부어 놓고 제를 올리려고 생각을 했으나, 마침 그 사연을 전해 듣고 안타깝게 여긴 여관주인이 제사에 쓸 제물을 구해 왔다. 그 제물로 제를 지내던 여인은 비통함과 그 기구한 운명에 밤새 오열했던 것이다.

　이 사연을 들은 이시우는 가슴이 찢어지는 듯했다. 나라 잃은 겨레의 슬픔과 여인의 가슴 아픈 사연에 비통한 마음을 억누를 길이 없었다. 그때 마침 우연히 만난 문학청년 한명천이 그 이야기를 듣고 즉석에서 가사를 썼고, 이시우가 즉흥적인 선율을 붙인 것이 바로 〈눈물 젖은 두만강〉이다.

　이렇게 만들어진 〈눈물 젖은 두만강〉을, 극단 예원좌는 장월성이라는 소녀 배우로 하여금 막간에 나가서 부르게 하였다. 그런데 청중들의 반응은 뜻밖에 대단했다. 장월성은 화술배우였지만 처음으로 이 노래를 부르자 장내에서는 떠나갈 듯한 박수가 터져 나왔고, 그 노래를 더 불러 달라는 요청에 따라 4번이나 더 불러야 했다.

이후 서울에 돌아온 이시우는 2~3절의 가사를 김용호에게 짓게 해서 OK레코드에 취입을 했는데, 이것이 지금의 〈눈물 젖은 두만강〉이다.

〈눈물 젖은 두만강〉

김용호 작사
이시우 작곡
김정구 노래

1절
두만강 푸른 물에 노 젓는 뱃사공
흘러간 그 옛날에 내 님을 싣고
떠나간 그 배는 어데로 갔소

2절
강물도 달밤이면 목메어 우는데
님 잃은 이 사람도 한숨을 쉬니
추억에 목 메인 애달픈 하소

3절
님 가신 강 언덕에 단풍이 물들고
눈물진 두만강에 밤새가 우니
떠나간 그 님이 보고 싶구나

(후렴)
그리운 내님이여 그리운 내님이여
언제나 오려나

거제시 농업기술원에 있는 이시우 선생의 〈눈물 젖은 두만강〉 노래비

젊은 시절 술집에서 젓가락 장단에 생각 없이 불렀던 〈눈물 젖은 두만강〉에도 나라 잃은 민족의 가슴 아픈 사연이 숨어 있다는 것을 몰랐다. 어쩌면 우리가 알고 있다고 생각하지만 정말 소중한 것은 잘 모르고 있지는 않은지 돌아볼 일이다.

culture

history

philosophy

CHAPTER

09

중심철학과 역사의식

우리 옛 조상들에게는 선비정신이 있었다. 목에 칼이 들어와도 할 말은 하고, 옳지 않은 것에는 절대 타협하거나 굽히지 않는 정신이 바로 선비 정신인데, 이는 확고한 자신의 철학이 있었기 때문에 가능한 일이다. 작은 이익이나, 명예, 돈, 지위에 연연하지 않는 모습이 국민의 존경을 이끌어 내는 법이다.

우리에게 역사의식은 있는가? 우리 민족의 중심철학은 무엇인가?

역사를 잊은 민족에게 미래는 없다

– 단재 신채호(구한말 사학자)

얼마 전 지인으로부터 충격적인 얘기를 들은 적이 있다. 2월 14일 밸런타인데이가 안중근 의사께서 사형선고를 받은 날이라는 얘기를 친구와 하고 있었는데, 옆에서 듣고 있던 중3짜리 조카가 "그 사람이 무슨 과 의사예요?"라고 묻더라는 것이다.

기가 막혀서 오죽하면 그렇겠나 싶어 안중근 의사에 대해 설명을 하고, 우리나라의 독립을 위해 활동하다 돌아가신 훌륭한 분이라고 얘기하니, 조카가 하는 말이 "그게 자신과 무슨 상관 있냐?"고 하더란다. 참으로 듣고도 믿기 어려운 얘기인데, 이것이 우리 아이들의 역사인식의 현 주소가 아닌가 싶다.

최근 모 방송매체에 발표된 내용에 따르면, 우리 역사의 가장 비극적인 6·25전쟁이 1950년대에 일어났다는 것을 제대로 아는 초등학생들이 채 50%가 안 된다고 한다. 그리고 더 놀라운 일은 6·25전쟁을 먼저 일으킨 나라가 일본이라는 대답이 13%, 미국이라고 대답한 친구들이 13% 그리고 러시아라고 대답한 친구들도 10%나 되었다 것이다.

얼마 전 SBS 뉴스에서 지금은 역사관이 된 서대문 형무소 앞에서

서대문형무소역사관

5천여장의 독립운동가 수형기록표를 모은 방

청소년들이 우리의 근대사를 얼마나 알고 있는지 알아보기 위해 몇 가지 질문을 한 적이 있다. 결과는 청소년들의 역사지식이 너무나 빈약하다는 것이었다. 서대문 형무소가 무엇을 했던 곳인지도 모르고, 위안부, 야스쿠니 신사, 독도 문제 등 여러 방면에서 기본적인 단어의 뜻 조차 제대로 알지 못했다. 우리는 역사교육을 강화하기 보다는 오히려 점점 등한시하고 있는데 이런 상황에서 우리나라 청소년들에게 역사인식까지 기대한다는 것은 역시 무리였다.

이런 부분은 사실 아이들 탓이 아닌 바로 우리 어른들의 문제가 더 크다. 특히 남들을 이끌어 가는 리더의 위치에 계신 분들이 먼저 역사의식과 분명한 자기 철학이 있어야 한다.

우리 옛 조상들에게는 선비정신이 있었다. 목에 칼이 들어와도 할 말은 하고, 옳지 않은 것에는 절대 타협하거나 굽히지 않는 정신이 바로 선비 정신인데, 이는 확고한 자신의 철학이 있었기 때문에 가능한 일이다. 작은 이익이나, 명예, 돈, 지위에 연연하지 않는 모습이 국민의 존경을 이끌어 내는 법이다. 얼마 전 타계한 넬슨 만델라가 추앙 받는 이유는 27년간 감옥생활을 하면서도 굽히지 않는 당당함이 있었기에 가능한 것이 아니겠는가?

2015년 2월에 퇴임한 우루과이의 호세 무히카(78세) 대통령은 세상에서 가장 가난한 대통령이다. 예금할 돈이 없기 때문에 은행 계좌가 없고, 87년형 폭스바겐 비틀 한 대가 그가 가진 총재산이다.

무히카 대통령은 자기 월급의 약 90%를 자선단체들에 기부하고 남은 10%를 가지고 생활을 한다. 대통령궁 또한 노숙자 쉼터로 사용하도록 내주었고 자신은 부인명의의 허름한 집에서 출퇴근 하며 부인과 함께 일군 야채, 농산물로 생활하고 있다.

전세계에서 가장 존경 받는 대통령 중 한명인 그의 청빈한 삶으로 인해 우루과이는 관료들의 부패가 사라지고, 1인당 GDP가 1만5656달러에 이르는 등 가장 성공적인 좌파 정부로 인정받고 있다. 그러다 보니 많은 국가들이 경제위기에 빠져 있음에도 불구하고, 우루과

이는 불황 없이 매년 5%이상의 플러스 성장률을 지속적으로 이어나가고 있다.

우리에게는 정말 부러운 일인데, 우리나라 역대 대통령 중에 제대로 철학이 있는 사람이 누가 있으며, 존경 받는 이가 얼마나 되는가? 리더가 바른 철학이 없으면 그 영향은 외교에서도 고스란히 나타난다.

지금 대한민국은 제대로 된 외교원칙이 있기는 한 것인지? 예전 사대주의자들이 중국 눈치 보던 모습과 지금의 모습이 다를 바가 없어 보인다. 예전에야 나라가 힘이 없다 보니 그랬다손 치더라도 지금은 한국의 위상이 많이 달라졌다. 지금의 대한민국은 단군 이래 가장 잘 산다고 할 만큼 경제적인 성장을 이루었다. 그래서 어느 누구도 무시하지 못할 만큼 국력이 높아져 있는데도 스스로를 평가절하 하다 보니 주변국들이 무시하는 단계에 이른 것이 아니겠는가?

최근 일본은 우경화의 극을 달리고 있고, 중국은 이제는 더 이상 '팍스 아메리카나'가 아니라 '팍스 시니카(Pax Sinica)*'라고 외치고 있다. 이 위기의 시대를 타계할 바른 역사관과 중심철학을 가진 정치인이 나타나길 간절히 바란다.

그러나 지금 대한민국 몇몇 정치인들의 행태는 역사의식은 고사하고 바른 정신을 가지고 있는지? 의심이 들 때가 있다.

---

*팍스 시니카(Pax Sinica) : 중국이 주도하는 세계평화

2004년, 서울 장충동 S호텔에서 일본 자위대 창설 50주년 기념식이 열렸었다. 서울시내 한복판에서 자위대 창설 기념식이 열린다는 사실만 해도 기가 막힐 노릇인데, 더 어처구니 없는 것은 그 행사에 우리나라 국회의원이 5명이나 참석했다는 사실이다. 우리나라 국민을 대표하는 국회의원들이 이럴진대 이런 상황에서 역사의식까지 기대하기도 어렵다. 2014년에는 L 호텔에서 자위대 창립 60주년 기념 행사가 열릴 예정이었는데, 호텔 측에서 여론의 눈치를 보다 슬며시 취소를 했다. 참 아이들 보기 부끄러운 노릇이다.

얼마 전 현대자동차 그룹의 정몽구 회장이 글로벌 인재에 대한 정의를 다음과 같이 내렸다.

> 글로벌 인재란 무엇이냐? 바로 '역사관이 확고한 사람'이다. 확고한 역사관을 갖고 있는 인재만이 생존환경이 치열한 글로벌 자동차 시장에서 살아남을 수 있다고 판단했기 때문이다.

그래서 현대 · 기아차 직원 교육에 역사교육을 도입하겠다고 하는데, 정말 옳은 일이다. 요즘 청소년들의 인내력이 약하지 않은가? 조금만 힘들면 그냥 포기해 버린다. 성적 떨어진다고, 시험에 떨어졌다고 인생 다 끝난 것처럼 여기며 때론 자살까지 하게 되는 것이 바로 역사의식의 부재 때문이 아닌가 하는 생각이 든다.

역사관과 확고한 자기 중심 철학이 있는 사람은 잘 흔들리지 않는다.

역사란 항상 부침(浮沈)이 있기 마련이어서 지금의 힘든 시기가 지나면 분명 좋은 시기가 올 것을 알기 때문에 쉽게 포기하거나 좌절하지 않는다. 그리고 어떤 어려운 환경이 닥쳐 와도 이것은 지나가는 과정일 뿐이라는 것, 고난도 내가 성장하기 위한 성장통이라는 것을 알기에 받아들일 수 있고 이겨 낼 수 있다.

역사를 아는 자, 인생을 두 배로 사는 것이다.

－ 에드워드 기번

바른 역사관이야 말로 아이들이 이 세상을 살아가는 데 큰 힘이 되는 데 이것을 위해서는 어느 누구보다도 먼저 아이들의 스승인 부모가 먼저 역사관이 바로 서 있어야 하고, 중심철학에 대해 정확히 알아야 한다.

대한민국의 중심철학은 무엇인가?

중심철학이란 말 그대로 중심이 되는 철학, 다른 말로는 '가치관'이라고 할 수도 있겠다. 흔히 지금의 시대를 철학이 없는 시대라고들 하는데, 스스로를 잡아 줄 중심철학이 없으면 이리저리 주변 눈치를 보면서 부화뇌동하게 마련이다.

개인도 중심철학이 있어야 하지만, 조직과 국가도 마찬가지로 중심철학이 있어야 한다. 그렇다면 우리 대한민국에는 정말 자랑할 만한 철학이 있을까?

필자가 강의할 때 우리 민족의 중심철학이 뭐냐고 물으면, 대부분의 교육생들이 대답을 하지 못한다. 그리고는 '아예 그런 것이 있기나 한가?' 하는 눈빛으로 나를 바라본다. 우리에게는 중심철학이 있다. 그것도 세계 어느 민족도 가지지 못한 최고의 위대한 철학이 있다. 과연 무엇인지 짐작이 가능하겠는가?

우리 주위에서 너무나 쉽게 접하고 있으면서도 잊고 있었던 것인데, 〈한국을 빛낸 100명의 위인들〉이란 노랫말에 나와 있다.

> 아름다운 이 땅에 금수강산에
> 단군할아버지가 터잡으시고
> 홍익인간 뜻으로 나라 세우니
> 대대손손 훌륭한 인물도 많아
> 고구려 세운 동명왕 백제 온조왕 알에서 나온 혁거세
> 만주벌판 달려라 광개토대왕 신라장군 이사부
> 백결선생 떡방아 삼천궁녀 의자왕
> 황산벌의 계백 맞서 싸운 관창 역사는 흐른다

바로 '홍익인간(弘益人間)'이다. 널리 인간세계를 이롭게 한다는 뜻으로, 우리나라의 건국시조인 단군(檀君)의 건국이념(建國理念)이기도 하다.

이 뜻도 사실은 좀 축소된 것이다. 우리 민족은 예로부터 인중천지일(人中天地一)이었기에 사람 안에 하늘과 땅이 다 들어간다. 그러면 홍익인간의 진짜 뜻은 '널리 세상을, 만물을 이롭게 하라'는 뜻이다.

우리 삶 속에 이 홍익인간 정신이 다 스며들어 있는데, 옛날 우리 어머니들은 뜨거운 물도 함부로 버리지 않았다. 미물들이 타 죽거나 다칠까 봐 식혀서 버렸다. 콩을 심어도 세 쪽을 심는다. 한쪽은 사람이 먹고, 한쪽은 벌레가 먹고, 한쪽은 새가 먹게 하기 위해서다. 그리고 산에 가면 '고시래' 하고 짐승들이 먹을 수 있도록 꼭 뭘 하나씩 남겨 두었다. 감을 따도 꼭 하나씩 남겨 둔다. '까치밥'으로 말이다. 그 당시 먹을 것 하나가 얼마나 소중했는가? 그럼에도 까치 같은 미물도 먹고 살아야 하지 않겠느냐는 홍익의 마음으로 꼭 몇 개씩은 남겨 두었던 것이다.

앞으로 외국인들을 만날 기회가 있으면 우리의 건국이념이자 중심철학이 '널리 세상을 이롭게 하라'는 '홍익인간 정신'이라고 얘기해 주어야 한다. 전 세계 어느 누구를 만나도 자랑할 만한 우리의 철학이자, 정신이다.

이 '홍익인간' 정신은 나만 잘 살자는 것이 아닌 '너와 내가 모두 다 잘 살자'는 정신이다.

흔히 희생과 봉사를 얘기하는데 이 희생과 봉사는 자칫하면 잘못된 방향으로 갈 수가 있다. 진정한 사랑은 대가가 없어야 하는데 이 희생과 봉사에는 대가를 바랄 소지가 있기 때문이다.

내가 나를 희생해가면서 상대에게 잘 해주었는데 상대가 몰라주면 섭섭한 마음이 든다. 그리고 상대가 변화하라고 내가 좋은 얘기를 해 주었는데 그 사람이 변하지 않을 때 화가 난다. 그 이면에 대가를 바라는 마음이 깔려 있기 때문이다. 내가 상대에게 베풀어 주고 나서 그 자체로 기뻐하고 대가를 바라지 않는 마음, 이것이 바로 홍익의 정신이다.

　자신을 희생해가면서 남에게 봉사를 하다 보면 자칫 이것이 원망으로 돌아설 수 있다. 그래서 한평생 자기자신을 돌보지 않고 오직 자식들을 위해 희생한 부모들이 가끔 "내가 너를 어떻게 키웠는데" 하는 원망의 말을 하는 것을 듣게 된다.

　'나도 좋고 남도 좋은 것', '너와 내가 모두 잘 살자'는 조화와 화합의 정신이 바로 '홍익인간'의 철학이자, 정신이다.

홍익인간(弘益人間)이 적혀 있고 남산에 있는 이시영 선생 동상

　1960년대에 『대지』로 퓰리처 상과 노벨 문학상을 동시에 수상한 펄벅 여사가 우리나라를 방문했을 때 일화가 있다.

　펄벅 여사가 윤보선 대통령을 만나고 난 후에, 안내하는 사람과 함께 우리나라를 둘러보기 위해 덜컹거리는 차를 타고 시골길을 달리고 있었다. 그런데 어느 땐가 펄벅 여사가 불쑥 창밖으로 무언가를 가리키면서 "어! 저거 보라!"며 소리쳤다.

그 소리에 놀란 안내자가 바라보니, 지게에 볏단을 짊어진 농부가 볏단을 실은 소달구지를 끌고 가는 장면이었다.

"농부도 볏단을 지고 가다니!"

펄벅 여사의 흥분은 좀처럼 가라앉질 않았다.

그 광경을 본 안내자는 1960년대 시골에서 흔히 보는 풍경을 보고 소리치는 펄벅 여사의 반응에 어리둥절했을 뿐 아니라, 이분이 조금 오버(over)한다고 생각했다. 그러나 펄벅 여사의 그다음 말이 안내자의 가슴에 깊이 와 닿았다.

"미국 같으면 저렇게 하지 않았을 겁니다. 미국이라면 지게의 짐도 달구지에 싣고 농부도 올라탔을 겁니다. 소의 짐마저 덜어주려는 저 마음 저게 바로 내가 한국에 와서 보고 싶었던 모습이었습니다."

펄벅 여사를 접견하고 있는 윤보선 전 대통령 1960. 11. 02

농부가 등에 짐을 지고, 짐을 실은 소달구지를 끌고 가는 장면!.

이것은 우리나라 60년대 시골에서 흔히 보는 장면인데, 우리는 늘 보니까 당연하다고 생각한다. 그런데 아무리 똑같은 광경일지라도 외국인의 눈으로 보니까 다르게 보이나 보다.

이때 펄벅여사의 안내를 맡았던 사람이 지금은 고인이 되셨지만, 조선일보에 최장기 칼럼을 쓰셨던 논술위원 이규태 씨다. 이규태 씨가 신인기자 시절에 펄벅 여사의 안내를 맡았었는데, 그때 펄벅 여사의 이 얘기를 듣고 너무나 충격을 받았다.

'내가 한국 사람인데도 한국인에 대해서 이렇게 모르고 있었구나!'

그때의 일이 너무나 충격이었기에 그 이후에 이규태 씨는 돌아가실때까지 한국인의 정서에 관한 칼럼을 5,000회 이상 기고했고, 그에 관한 책도 많이 써 오셨다.

외국인이 바라보는 홍익인간

게오르규 신부

한국은 지극히 평화적이고 근면한 국가입니다. 홍익인간이라는 단군의 통치이념은 지구상에서 가장 위대하고 완벽한 법률입니다.
– 프랑스 신문 〈라 프레스 프랑세즈(La press Francaise)〉, 1986. 4. 18.

루마니아 태생의 『25시』의 작가이자 시인인 게오르규 신부가 한 말이다.

한양대에서 영어 강사를 하고 있는 팀 버드송이라는 분이 있다. 이분은 어느날 '홍익인간 정신'을 만나고 이 정신에 너무나 반해서 자기 직업도 버리고 우리나라에 와서, 주말이면 청계천에 나가서 쓰레기를 줍는다.

> 내 스스로 '홍익인간' 정신을 훈련하는 것입니다. 이 정신은 다른 사람들의 행복으로 이어집니다.
> – 한국 사람보다 더 '홍익인간' 정신을 사랑하는 파란 눈의 외국인 팀 버드송

필자는 이 홍익인간 정신에 대한 강의를 삼성인력개발원에서 한 적이 있었다. 그런데 과연 이런 류의 강의가 삼성과 같은 세계적인 기업에 먹힐 것인가?하는 우려도 있었지만 시도를 해 보았고, 그 결과는 의외였다. 강의에 대한 반응이 무척 좋아서 3년간이나 삼성인력개발원에서 강의를 했는데, '삼성이 초일류 기업이 된 것이 그냥 된 것이 아니었구나!' 하고 생각하는 계기가 되기도 했었다.

이때 강의 중간 쉬는 시간에 한 교육생이 다가오더니 자신이 주말이면 청계천에 가는데 이 사람을 봤다는 것이다. 웬 외국인이 등에 '홍익인간' 하고 써서 붙이고 다니면서 걷기 운동도 하고 쓰레기도 줍더라는 것인데, 바로 이 팀 버드송이라는 분이다.

이렇게 외국인들은 우리의 홍익정신에 놀라고 감탄하면서 자신의

직업까지 버리고 이 정신을 찾아서 우리나라에 오는데, 정작 우리는 우리 것에 대해 몰라도 너무 모른다.

강의 중에 '홍익' 하면 생각나는 게 뭐가 있냐고 물었을 때, 젊은이들은 '홍익대학교'라고 대답하는데 나이든 분들은 철도청에서 운영하는 '홍익회'가 생각난다고 한다. 대답이 재미있기도 하지만 한편으론 좀 씁쓸하기도 하다.

팀 버드송은 "진짜 한국 사람이 되십시오. 적극적으로 참여하십시오. 적극적으로 청소하고 적극적으로 베푸십시오. 그리고 나라의 보물(홍익인간)을 잘 살리십시오."라고 말한다.

정말 우리 안에 소중한 보물 '산삼'이 있는데 우리만 모르고 있는 것은 아닐까? 이분은 가평에 살면서 지금도 만나는 사람들에게 '홍익버튼'을 나눠 주고 다닌다고 한다.

이 홍익인간의 정신은 교육 기본법 2조에 명확히 기재되어 있는데, 정작 학교에서 아이들을 가르치는 선생님들도 잘 모르는 분들이 많다.

> 교육은 홍익인간의 이념아래 모든 국민으로 하여금 인격을 도야하고 자주적 생활능력과 민주시민으로서 필요한 자질을 갖추게 하여 인간다운 삶을 영위하게 하고 민주국가의 발전과 인류공영의 이상을 실현하는 데 이바지하게 함을 목적으로 한다.
>
> – 1949년 12월 31일 법률 제86호로 제정 · 공포

홍익인간을 교육기본법으로 정한 이유도 이렇게 밝혔다.

당시 문교부는 홍익인간이 고루한 민족주의 이념의 표현이 아니라 인류공
영이라는 뜻으로 민주주의 기본정신과 완전히 부합되는 이념이며, 민족정
신의 정수인 일면 그리스도교의 박애정신, 유교의 인, 불교의 자비심과도
상통하는 전 인류의 이상(理想)으로 보아 교육이념으로 삼았다.

이렇듯 홍익은 전 인류의 이상을 품고 있는 철학이다.

이 홍익인간 정신이 우리 삶 속에 발현된 사례는 여러 가지가 있
다. 평소에는 흩어져 보이지만 위기 순간이 닥치면, 혹은 나보다 약
한 사람이 있으면 그 순간 자신의 모든 것을 버리고서라도 돕고자
하고 하나로 뭉치는 것이 바로 우리의 홍익정신이다.

홍익인간정신을 실천한 사례

지금은 벌써 기억마저 희미한 사건이 있다. 바로 1997년 IMF!
대한민국 전체가 부도 상태에 빠지면서, 거대한 절망이 한국 사
회를 덮쳤다. 1910년 경술국치 때 우리는 우리의 주권을 잃었지만,
1997년에는 경제적 주권을 잃었다. 일제시대 총독에 이어 이번에
는 '미셸 캉드쉬'라는 경제 총독을 맞이하면서 생전 듣도 보도 못한
'IMF(국제통화기금) 긴급구제금융'이란 도깨비에 쫓겨 정부든 국민이

든 어찌할바를 몰라 허둥대던 때였다.

IMF에서 우리에게 요구한 것은 돈을 더 빌려줄 테니 고금리 정책을 쓰라는 것이었다. 그래야 외부 달러자금이 들어오고 경상수지 흑자를 낼 수 있다는 논리였다. 6.25이후 최대의 국난 상황이라던 이 상황에서 갈바를 모르고 허둥대던 우리는 IMF의 이 요구를 그냥 받아 들일 수밖에 없었다. 이에 시중금리는 최고 25%까지 치솟았다. 당시 국제 금리가 2%가 채 안되던 상황인데 이건 말도 안되는 살인적인 고금리 정책이었다.

외국인 투자 장벽마저 사라짐으로써 우리기업들은 외국 기업사냥꾼들에게 무방비 상태로 노출 될 수 밖에 없었다. 가계와 기업의 연쇄도산과 실업증가, 물가폭등, 그리고 급격한 경기위축은 불을 보듯 뻔한 일이었다.

진로 · 쌍방울 · 해태 · 고려증권 · 삼미 · 기아 · 한라그룹 등 이름만 대면 누구나 알 만한 대기업들이 하룻밤을 자고 나면 하나씩 무너졌다. 그리고 수십만 명의 직장인들이 무더기로 직장과 꿈을 잃은 채 정처 없이 거리를 헤맸다. 11월 10일 1,000원이었던 환율이 한달 뒤인 12월 23일에는 2,000원으로 뛰었다. 한달만에 무려 배가 뛴 것이다.

이러한 국가적 부도 사태 속에서도 대한민국의 저력이 나타난다. 바로 우리 모두가 알고 있는 '금모으기 운동'이다.

물론 이 부분에 대해서 세간에는 이견을 제기하는 사람도 있긴 하지만, 나라의 부채를 갚기 위해 금모으기를 한 민족은 세상 어디에도 없다.

지금 우리나라 외환 보유고는 3,622억달러(약 398조원)로 그때와는 비교가 되지 않는 액수이지만, 그 당시 김대중 대통령이 당선된 12월 19일 우리의 가용 외환보유액은 39억 달러에 불과했다. 1997년 말 시작된 '금 모으기 운동'에 결혼 반지와 돌 반지 등이 쏟아져 나왔고, 고(故) 김수환 추기경은 금 십자가를 내놓았으며, 올림픽 금메달리스트들은 자신이 딴 메달을 보내왔다. 우리 국민이 금모으기로 몇 달간 모은 금은 자그마치 227톤으로, 돈으로 환산하면 21억 7천만 불이다. 당시 가용 외환보유액의 2분의 1이 넘는 금액을 몇 달간의 금 모으기로 모은 것인데, 이렇게 길거리 모금에 수백억씩 모이는 것은 정말로 흔치 않은 일이다.

이것을 보고 전 세계가 깜짝 놀랐다.

'야! 이 나라 참 대단한 나라다. 이런 나라의 국민들은 믿어도 되겠다.' 하고는 단기대출을 장기대출로 바꾸어 주었고, 돈도 더 빌려주었다.

결국 2001년 8월 23일, 세계에서 가장 단기간인 3년 8개월만에 IMF를 우리는 공식종료했다.

그런데 이것만 해도 어마어마한 일인데, 우리는 이것이 일회성이 아니라는 사실이다. 100년 전에도 이와 똑같은 일이 있었는데, 혹시 기억하시는지? 바로 '국채보상운동'이다.

이 운동은 1907년에 대구에서 시작되어 대한매일신보 등의 후원으로 전국적으로 확대되었는데, 일본이 우리 경제를 장악하기 위해 우리 정부에 돈을 빌려 주었고, 정부가 갚을 돈이 없어지자 국민들이 자발적으로 "나랏빚을 갚아 주권을 지키자."는 운동을 벌였던 것이다.

남자들은 그 당시 유일한 낙이었던 담배를 끊고 한 푼 두 푼 용돈을 모았고, 여자들은 정말 위급한 상황에 쓰려고 비상용으로 꼭꼭 숨겨 두었던 비녀와 반지를 팔고 십시일반으로 돈을 모아서 나라의 빚을 갚고자 했다.

이 국채보상운동은 4만여 명이 참여하여 단기간에 많은 돈을 모금하면서 엄청난 응집력을 발휘했다. 이를 보고 깜짝 놀란 일본 정부의 교묘한 방해공작과 철저한 탄압으로 실패하기는 했지만, 세계 어느 나라에 나랏빚을 갚고자 국민들이 이렇게 자발적으로 모인 사례가 있었겠는가?

위기가 닥치면 자신의 모든 것을 버리고서라도 하나로 뭉치고자 하는 우리의 정신이다.

남을 위하는 마음(利他心, 홍익마인드)은 자신뿐 아니라 사회에 영향을 미치기도 한다.

2001년 1월 26일, 선로에 들어간 일본인 승객을 구하려다 사망한 이수현 씨(당시 26세)! 한국인인 이수현 씨가 일본인을 구하려다가 선로에서 사망한 사실은 일본인들에게 충격이었고 지금까지도 감동으로 남아 있다. 이 부분에 대해서 재일 교포인 신순옥 씨의 얘기를 들어 보면, "일본에서는 자기보다 윗사람을 위해서 목숨을 바치는 것이 당연한 문화로 자리 잡고 있다. 그런데 자기보다 약한 사람을 위해 목숨을 바치는 것은 거의 없다."고 한다.

이것이 바로 일본과 우리의 차이라고 볼 수 있다. 일본인들은 우리 한국인들을 무시한다. 물론 지금은 한류 영향 때문에 좀 나아지긴 했지만, 마치 우리가 동남아 사람들을 대하듯이 일본인들은 우리를 본다.

그런데 그런 핍박을 받으면서도 나보다 약한 사람, 위험에 처한 사람이 있을 때는 내 모든 것을 던져서라도 돕고자 하는 마음이 우리에게는 있다. 이것이 일본과 우리의 차이라면 차이라고 할 수 있을 것이다.

우리나라에는 지하철 의인들이 전부터 있어 왔지만, 일본에는 지하철 의인이라고 할 만한 일이 없었는데, 이수현 씨 이후로 일본에도 지하철 의인들이 생기기 시작했다는 것이다. 이수현 씨 한 사람의 행동에 의해 일본사회가 바뀌고 있는 것이다.

일본인을 구하기 위해 목숨을 던진 이수현 씨의 행동 자체가 일본인들에게는 충격이었기에 이수현 씨의 영결식에는 모리 총리뿐 아니라 일본의 각계각층의 인사들이 참석했다. 그리고 이수현 씨를 기리는 영화가 만들어졌으며 시사회 때는 일왕 부부가 참석해서 기립박수를 했다. 최근에는 만화영화로 만들어지기도 했다.

태안 기름유출 사고 때를 기억하시는지? 그 당시 안면도의 몇 배가 되는 바다가 온통 시커멓게 기름에 잠겨 있었다.

위기가 닥치면 하나로 뭉치는 우리의 정신이 여기서도 드러난다.

그 당시 온 국민이 한마음으로 뭉쳐 태안으로 달려가서 기름방제 작업에 나섰는데, 이때 유래가 없을 만큼의 많은 NGO 단체들과 국민들이 자신의 일을 제쳐두고 팔을 걷어붙이고 나섰다. 그러다 보니 자원봉사 인원이 너무 많아서 더 이상 오지 말라고 말리는 기현상이 일어나기도 했었다.

외국에서도 원유유출 사고가 꽤 있었다. 가까운 일본에 쓰나미가 오기 전에 후쿠이현 미쿠미 마을에 원유가 유출된 적이 있었다. 이때 3개월 동안 무려 30만 명이 자발적으로 모였는데, 일본 언론들은 "3개월에 30만 명이 자발적으로 모이다니, 이것이야말로 일본 사람들의 높은 의식수준을 보여 주는 것"이라고 극찬하면서 '미쿠미 마을의 기적'이라고 칭송했었다.

우리는 태안 기름 유출사고 때 1개월에 50만 명, 총 120만 명이 자발적으로 모였었다. 일본은 3개월에 30만 명 모인 것을 가지고 기적이라고 하는데, 인원으로 보면 일본과는 비교도 되지 않을 만큼 엄청난 숫자다. 물론 이 부분에 대해서도 몇몇 사람들은 부정적인 시각으로 보면서 심지어 '냄비근성'이라고 하는 분들도 있다. 부정적으로 보면 맞는 말일 수 있겠지만, 긍정적으로 본다면 이것은 우리 안에 엄청난 열정이 있다는 것을 뜻한다. 엄청난 열정이 있는데, 이 열정이 분출할 방향이 제대로 정해지지 않으니 이 열정을 가지고 우리끼리

싸우는 것이다. 여야가 싸우고, 노사가 싸우고, 지역간에 싸우고, 남북이 싸우고……. 정치하시는 분들이 중심 방향만 제대로 잡아 준 다면 이 열정은 엄청난 에너지로 발산될 텐데, 참 아쉬운 부분이다.

누가 우스갯소리로 한 얘기가 생각난다. 한국 사람들을 비행기에 태워서 아마존 정글 가운데 뿌려 놓고 난 후에 1년 뒤에 어떻게 되었 나 하고 가 봤더니, 아마존 밀림의 각 부족의 족장들은 다 한국 사람 들이 맡고 있더라는 이야기다. 재미있기도 하지만, 역시 공감이 가 기도 한다. 우리나라 사람들의 열정과 보스기질을 잘 나타내는 농담 인 것 같다. 그래서 올바른 리더가 중심철학을 가지고 제대로 이끌 어만 준다면, 이 열정으로 우리가 어떤 일을 이룰 수 있을지는 아무 도 모른다.

『문명의 충돌』의 저자인 미국의 정치학자 새뮤얼 헌팅턴이 한국의 경제자료를 검토하면서, 1960년대 초 한국과 아프리카 가나의 경제 상황이 놀라울 정도로 비슷했다는 사실을 발견하고 깜짝 놀랐다.

세계 13위 경제대국이며 1인당 국민소득 20,045달러인 지금의 대 한민국을 국민소득 420달러의 가나하고 비교한다는 것이 상상도 안 되는 일이지만, 1960년대 초에는 1인당 국내총생산(GDP)도 똑같고 1차 · 2차 · 3차 사업 비중 등 산업구조도 거의 똑같았다는 사실이다.

새뮤얼 헌팅턴도 의문을 품었다. 왜 한국만이? 한국보다 몇 배 더 잘 살았던 필리핀, 아르헨티나를 다 제치고 전세계에서 유일하게 원 조받던 국가에서 원조해 주는 국가로 성장했을까? 이런 엄청난 발전의 차이를 어떻게 설명할 수 있을까?

새뮤얼 헌팅턴이 연구한 결과 "엄청난 발전의 차이는 독특한 문화 때문이다. 한국의 전통문화와 맥이 닿아 있음이 분명하다."라고 나름의 결론을 내렸다.

이 결론을 분석해 본다면, 아마도 우리 안에 있는 열정과 순수함 때문이 아닌가 싶다. 위기 순간이 되면, 혹은 나보다 약한 사람이 있으면 내 모든 것을 기꺼이 내어놓는 우리의 전통문화, 바로 '홍익인간'의 철학과 정신이 아닐까 하고 내 나름대로의 결론을 내려 본다.

그렇다면 왜 이 시기에 홍익의 정신과 철학을 얘기하는가?

김구 선생님의 『나의 소원』 중에서 그 답을 찾을 수 있는데, 놀랍게도 우리 대한민국이 앞으로 나아갈 방향에 대해서 벌써 70여 년 전에 백범 김구 선생님께서 정확히 제시해 두셨다.

내가 원하는 우리나라
－백범 김구－

나는 우리나라가 세계에서 가장 아름다운 나라가 되기를 원한다
가장 부강한 나라가 되기를 원하는 것은 아니다
내가 남의 침략을 받아 가슴 아팠으니 내 나라가 남을 침략하는 것을 바라지 않는다
우리 생활을 풍족하게 할 만큼의 넉넉함과 남의 침략을 막을 수 있을 만큼의 힘이면 족하다

오직 한없이 가지고 싶은 것은 높은 문화의 힘이다
문화의 힘은 우리 자신을 행복하게 하고 나아가서 남에게도 행복을 주겠기
때문이다

(중략)
나는 우리나라가 남의 것을 모방하는 나라가 되지 말고
이러한 높고 새로운 문화의 근원이 되고 모범이 되기를 원한다
그래서 진정한 세계의 평화가
우리나라에서 우리나라로 말미암아 세계에 실현되기를 원한다
홍익인간이라는 우리 국조 단군의 이상이 이것이라 믿는다

– 백범일지에서 일부 발췌

우리는 일본에게 36년간 핍박을 받았어도 남을 침략하는 것을 원하지 않는다. 그냥 남의 침략을 막을 수 있는 힘이면 족하다는 것이다. 세상에 어느 민족이 이런 포용력을 가질 수 있겠는가?
그리고 마지막 문구가 매우 인상 깊다.

진정한 세계의 평화가 우리나라에서 우리나라로 말미암아 세계에 실현되기를 원한다 홍익인간이라는. 우리 국조 단군의 이상이 이것이라 믿는다.

이것이 바로 우리의 건국이념이자 중심철학인 홍익정신이 지금 이 시대에 부활해야 할 이유가 아닌가 싶다. 홍익정신은 우리만 잘 먹고 잘 살자는 것이 아니다. 진정한 세계의 평화를 실현하려는 정신이다. 바로 이것 때문에 홍익정신은 우리만의 것이 아닌 전 세계를 아우를 수 있는 최고의 정신인 것이다.

이 논문은 1947년 발표한 김구 선생님의 『백범일지』 중에 특별히 그 말미에 부가한 것인데, 김구 선생은 『백범일지』 말미에 이 논문을 부가한 이유를 다음과 같이 설명하고 있다.

> 끝에 붙인 〈나의 소원〉 한 편은 내가 우리 민족에게 하고 싶은 말의 요령을 적은 것이다. 무릇 한 나라가 서서 한 민족이 국민생활을 하려면 반드시 기초가 되는 철학이 있어야 하는 것이니, 이것이 없으면 국민의 사상이 통일이 되지 못하여 더러는 이 나라의 철학에 쏠리고 더러는 저 민족의 철학에 끌리어 사상의 독립, 정신의 독립을 유지하지 못하고 남을 의뢰하고 저희끼리는 추태를 나타내는 것이다. (중략) 우리는 우리의 철학을 찾고, 세우고, 주장하여야 한다. 이것을 깨닫는 날이 우리 동포가 진실로 독립정신을 가지는 날이요 참으로 독립하는 날이다.

지금까지 우리 선배님들께서 정말 열심히 해오셨다. 더 이상의 가난을 우리 후손들에게 물려주지 않겠다는 마음으로 뼈빠지게 앞만 보고 달려왔다. 그러기에 우리는 '한강의 기적'이라 불리는 전 세계인들이 놀랄 만한 경제의 압축 성장을 이루었고, 국민소득 2만 불 시대에 접어들 수 있었다.

그런데 2만 불에 접어들기는 했는데, 3만 불, 5만 불로 선진국 대열에 들어서지 못하고 15년째 제자리만 맴돌고 있다. 그렇다면 지금 대한민국이 선진국으로 도약하기 위해서 필요한 것이 무엇인가?

지금 필요한 것이 바로 문화다. 왜냐하면 앞으로 힘은 문화에서 나오기 때문이다.

"힘은 총구가 아니라 문화에서 나온다!"

'컬처노믹스(culturenomics)'라는 말이 있다. 덴마크 코펜허겐 대학교 페테르 두엘룬교수가 처음으로 쓴 말로, 컬처(culture)와 이코노믹스(economics)의 합성어인데, 문화 그 자체의 부가가치가 경제와 접목되는 것을 말한다.

미국이 급격한 경제성장을 이룰 때, 유럽에서는 "돈만 많지 교양이 없는 놈들"이라고 미국을 비웃었다. 이 말에 기분이 상한 미국인들이 뉴욕을 중심으로 의도적으로 문화 산업을 키우기 시작했고, 시간이 지난 지금 '뉴요커' 하면 전 세계 젊은이들이 동경하는 하나의 문화가 만들어졌다. 문화가 접목되면서 경제적 가치도 더불어 몇 배나 상승한 것이다. 이처럼 문화의 힘은 그 나라의 브랜드 가치를 높이는 데 크게 기여하는 법이다.

2013 12월 5일, 우리나라의 '김장문화'가 아제르바이잔에서 열린 제8차 유네스코 무형 유산 위원회에서 인류무형유산으로 등재됐다. 유네스코에서 '김치'가 아닌 '김장문화'가 등록된 것이다. 그 이유는 무엇인가? 이에 대해 위원회에서는 등재 이유를 아래와 같이 설명했다.

> 김장은 한국인의 일상 생활에서 세대를 거쳐 내려오며, 이웃간 나눔을 실천하고, 공동체의 연대감과 정체성, 소속감을 증대시켰다.

결국 어떤 특정상품이 아닌 문화가 힘이라는 것이다. 지금 우리는 우리 선배님들의 노력으로 먹고 사는 문제는 어느 정도 해결이 되었다. 이젠 우리도 문화를 접목해야 할 시기이다. 그런데 없는 것이 아니다. 우리에겐 전 세계 어느 민족도 가지지 못한 홍익이라는 철학과 문화가 있다.

이 홍익의 철학은 지금의 말로 바꾸어도 전혀 어색하지 않다. 배려이며, 평화의 정신이며, 서로 하나됨의 정신이다. 이 홍익의 철학이 지금 이 시대에 부활할 때 우리도 행복해지고, 더 나아가 우리의 아이들이 더 행복한 세상에서 살 수 있지 않을까?

우리나라가 '높고 새로운 문화의 근원이 되고 모범'이 되기를 원했던 김구 선생님의 간절한 바램이 실현되고, 대한민국이 진정한 문화 강국이 될 수 있도록 지금 이 시대에 홍익의 철학과 홍익문화의 부활을 기대해 본다.

모든 것에는 동전의 양면처럼 장단점이 있는 법이다. 문제는 그것을 어떻게 활용할 것인가? 하는 것인데, 흔히 실수하는 것 중에 하나가 자신의 부족한 부분을 메우려고 애쓴다는 것이다. 그래서는 끝이 없다. 진정한 발전의 길은 부족한 부분을 메우려고 노력할 것이 아니라, 자신의 잘하는 점을 어떻게 살릴 것인가? 하는데 있다. 어둠은 자체로 물러가지 않는다. 빛이 밝혀지면 자연스럽게 사라지는 것과 마찬가지로, 단점은 아무리 보완해 봐야 평범한 사람밖에는 되지 않는다. 오히려 장점을 자꾸 키우고 살리다 보면 단점은 자연스럽게 사라지는 법이다.

앞으로 기업이나 인재의 트렌드도 바뀌고 있다. 앨빈 토플러 이후 최고의 미래 학자라고 불리는 다니엘 핑크는 『새로운 미래가 온다』에서 하이터치, 하이컨셉을 얘기한다.

지금 블루칼라들의 직업은 대부분 기계로 대체되었다. 필자는 강의를 하다 보니 제조업 공장을 방문할 기회가 많다. 1,000명 이상의 제조업 공장에도 자주 가는데, 이상한 것은 이렇게 큰 공장에 사람이 안 보인다는 것이다. 그래서 사람들이 어디 있나 봤더니, 다들 컨트롤 박스 안에서 컴퓨터로 기계들을 작동시키고 있었다.

이렇듯 블루칼라들이 하던 일들이 사라지고 있다. 그런데 앞으로는 소프트웨어 개발, 금융, 법률서비스 등 서구의 좌뇌형 화이트칼라 업무 역시 기계로 대치되거나 아웃소싱 될 것이라는 거다.

그래서 앞으로는 컴퓨터가 대신할 수 없는 능력을 찾아 개발해야 한다고 하는데, 심지어 의사나 변호사의 직업도 위태로워질 수 있다고 말한다. 환자를 X-ray나 MRI로 촬영해서 컴퓨터에 넣고 분석을 해 보면 의사가 놓친 부분까지 볼 수 있기 때문에 오히려 의사보다 더 정확한 진단을 할 수 있고, 각종 사건과 소송 판례집을 모은 컴퓨터에 현재 자신의 사례를 넣으면 어느 판검사나 변호사보다 더 정확한 판례를 찾아낸다는 것이다.

이제는 단순한 지식근로자로서는 더 이상 경쟁력을 가질 수 없는 시대가 된 것이다. 남들이 하지 못하는, 컴퓨터가 할 수 없는 나만의 강점을 만들어 나가야 한다는 것이다. 그것이 바로 하이터치와 하이컨셉인데, 하이터치는 감성 그리고 하이컨셉은 창의 · 창조를 말한다. 이렇듯 기계들이 대치할 수 없는 감성이나 창의 · 창조가 앞으로의 대세라는 것이다.

이렇듯 세상은 빠르게 변화하고 있고, 그것에 걸 맞는 인재를 원하는 데 아직도 우리는 과거의 인재상에 매달리고 있다. 우리나라의 젊은이들이 자신의 열정과 창의성을 발휘하기보다는 공무원이나 공기업 혹은 교사 같은 안정된 직장을 최고로 여기고 있다. 대학마저도 취업준비의 장으로 변해 버린 지 오래되었고, 각종 학원에서는 안정된 직업을 준비하는 젊은이들로 문전성시를 이루고 있다. .

미래학자 앨빈 토플러는 "한국 학생들은 미래에 불필요한 지식과 존재하지 않을 직업을 갖기 위해 하루 15시간씩 학교와 학원에서 시간을 낭비한다." 라는 말로 대한민국의 현실을 꼬집고 있다. 참으로 안타까운 일인데 이젠 정말 젊은이들뿐만 아니라 우리 부모들부터 생각과 발상의 전환이 필요한 시기이다

피터 드러커와 더불어 '경영학계의 구루'로 불리는 톰 피터스는 "미래에는 강력한 브랜드를 가진 디자인이 뛰어난 기업만이 살아남을 것이고, 뛰어난 인재를 가진 회사만이 성공할 수 있으며 남과 다른 개인만이 자신의 능력을 팔 수 있을 것"이라고 한다.

그는 이어 "멋진 실패에 상을 주고, 평범한 성공에 벌을 주라!"고 한다. 앞으로 세상은 창의력과 창조성으로 뭉친 인재가 아니면 살아남지 못한다는 얘기다. 그리고 "스티브 잡스와 같은 세상을 놀라게 할 튀는 인재, 다른 이들의 눈을 번쩍 띄게 하는 일을 만들어 내는 사람"이야 말로 인재라고 하면서 '와우! 프로젝트'를 주장한다.

이렇듯 인재의 개념이 바뀌고 있는데, 우리도 여기에 발 맞추어

나가야 한다. 우리나라가 먹고 살기 힘들던 시절에는 어떻게 하던 선진국을 따라 잡아야 하는 게 필요했다. 그래서 선진국을 배우고 흉내 내는 것이 가장 중요했기에 학교공부도 주입식교육이 필요했고, 직장에서도 규격화 된 틀 안에서 시키는 것을 잘 하는 사람이 최고의 인재였다.

그러나 지금은 우리가 1등이다. 이젠 주도적으로 앞서서 이끌어가야 할 만큼 우리의 경제력이 강해졌다. 그러려면 정말 튀는 인재, 창의력이 넘치는 인재가 필요한 시대이다. 아직도 예전의 인재상을 고집한다면 엄청난 인력과 자금으로 우리의 뒤를 바짝 추격하고 있는 중국에 발목을 잡힐 수밖에 없다. 자칫하면 일본의 잃어버린 20년을 우리도 되풀이 할 수가 있다. 새로운 인재를 발굴하기 위해서는 개개인의 특징과 장점을 발견하고, 그것을 살리는 쪽으로 방향을 정해야 한다. 자꾸만 어두운 면과 단점만을 봐서는 답이 나오지 않는다.

현재 우리 민족에게도 물론 부족한 점이 많이 있다. 하지만 그것을 자꾸 지적하고 문제시 하는 것은 이제 그만해도 충분하다. 그것을 문제 삼는 것으로는 해결이 될 수도 없다. 앞으로 세상은 평범함을 가지고는 발전은 고사하고 살아남기조차 힘들다. 한때 세상을 호령하던 일본의 전자기업들이 지금은 명목만 유지하고 있는 것만 봐도 알 수 있지 않은가?

만일 김연아 선수에게 "연아야! 너는 스케이트는 잘 타잖아? 부족한 영어 공부해."라고 했다면, 지금의 피겨여왕은 없었을 것이다. 마찬가지로 우리의 부족함을 자꾸 얘기하기보다는 오히려 우리 민족의 특성과 장점을 부각시키고 그것을 살릴 수 있도록 한다면, 그것이 우리 대한민국의 성장 동력이 될 것이고, 힘이 될 것이다.

필자의 과거를 돌아 보면 참 어두운 면이 많았다. 고향이 문경인데, 경상도에 그것도 시골이다 보니 나를 표현하는 데 참 서툴렀다. 아버님은 40년 이상 교직에 몸담고 계셨는데 성격이 참 엄한 편이었다.

이런 분위기 속에서 남들보다 잘 해야 한다는 마음으로 모범생으로 생활을 하다 보니 친구들과 어울리기 보다는 혼자 있는 시간이 많았다. 이것의 좋은 점은 나를 돌아보는 사색의 시간이 많은 것이고, 반면 안 좋은 것은 생각을 많이 하다 보니 맘 속에는 긍정보다는 부정적인 의식이 참 많아진다는 것이었다.

이 부정의 의식이 내 삶을 정말 힘들게 했던 것 같다. 무슨 일이 생기면 '나는 왜 이럴까?', '남들은 다 잘 하는데 나는 왜 이리 부족한 것이 많을까?'하고 자책하면서 자괴감에 빠지는 시간이 많았기 때문이다. 일을 잘 해서 칭찬을 받았을 때 조차 그 속에서 부족한 부분을 찾아내서 그것을 보완해야 한다고 생각하다 보니 칭찬을 받는 것도 기쁘지가 않고 때론 부담스럽기 까지 했다.

그러다 보니 군생활도 참 힘들게 했는데, 아마 군생활이 내 삶에서 가장 힘들었던 시점이 아닌가 생각된다. 체력이 약하다는 피해의식 있다 보니 군생활 내내 힘들었고, 심지어는 첫 휴가를 나오는 그날부터 휴가 끝나는 날짜를 꺼꾸로 하루 하루 꼽았으니 지금 생각하면 참으로 어이없는 일이었다. 그러니 휴가를 나와서도 단 하루도 마음 편한 날이 없었다. 이런 생활이 계속 이어지다 보니 군생활 내내 하루 하루가 지옥 같았는데, 결국 이 것이 몸의 병으로 나타났다. 제대 6개월을 남겨 두고 피를 토하고 말았다. 서울에 있는 국군 수도통합병원에 실려갔는데 폐결핵진단이 나왔다. 수도병원에서 결핵전문 요양병원인 마산통합병원으로 이전해서 6개월을 보내다 제대를 했는데 제대 이후에도 매일 빈속에 항생제를 10알씩 먹으면서 6개월을 더 보내야 했다.

그런데 이 부정적인 의식은 이후로도 계속 되었고 직장으로까지 이어졌다. 직장 생활을 하면서도 나의 단점인 우유부단함과 자신감 부족은 계속 나의 발목을 잡았기에 이것을 바꾸어 보려고 부단히 노력을 했다. 운동도 해보고 자기계발 서적도 읽으면서 이것 저것 정말 안 해 본 게 없었는데 그런 노력에도 불구하고 이 성격은 바뀌지를 않았다. 그러던 어느 날 우연히 접하게 된 것이 '명상'이었는데, 바로 이 '명상'이 내 삶을 변화 시키게 된 계기였다.

명상을 통해 나의 내면을 보면서 내 안에 있는 엄청난 부정적인 의식을 보았고 그것이 내 삶을 얼마나 크게 지배하고 있는지를 알게 되었다. 그것을 본 후 명상을 통해 내면을 정화하면서 나를 바꾸어

나가기 시작했고, 그러던 어느 날 나에게 큰 깨달음이 왔다. '아! 내가 내 안의 부정적인 성격을 바꾸려고 했기 때문에 내가 변하지 않았구나! 어릴 때부터 내 스스로 부족함이 많기에 이 것을 고치고 보완해야 한다는 생각을 늘 가지고 있었는데 이것이야 말로 정말 큰 잘 못이었구나!' 하는 것을 알게 되었다.

그러면서 우유부단 하다고 생각해 왔던 나의 단점이야 말로 진정한 장점이었다는 사실을 알게 되었다. 자신감이 부족했기에 일을 할 때면 늘 철저히 준비하고 꼼꼼하게 마무리해서 완벽하게 해내었고, 우유부단함이 있었기에 시작하기는 힘들어도 일단 하기로 마음먹은 것은 끝까지 할 수 있었다.

이런 깨달음이 내면을 울리는 순간 신기하게도 내 삶이 바뀌기 시작했다. 가장 먼저 내가 행복해 졌다. 그러다 보니 주변 사람들이 나에게 다가 오기 시작했고, 모든 일이 저절로 술술 풀려 나가는 것이었다. 이 때 정말 '시크릿'의 참 의미를 알게 된 것 같다.

이런 체험을 하면서 단점을 보완해서는 절대 변화할 수 없고, 장점을 살리는 것만이 내가 변화하고 내가 행복해 지는 것이라는 것을 확신하게 되었다. 그래서 강의를 하거나 사람들을 만날 때도 항상 내가 깨달은 이 확신을 전하려 노력한다.

언젠가 우연히 본 국민교육헌장의 한 구절이 참 와 닿는다.

'타고난 저마다의 소질을 계발하고, 우리의 처지를 약진의 발판으로 삼아, 창조의 힘과 개척의 정신을 기른다'

이 구절을 보고 핵심을 정말 기가 막히게 표현해 놓았구나 하는 생각이 들었었다.

그런데 참 인연이란 것이 묘하다. 내가 정말로 군 생활을 힘들게 했는데 군과의 인연은 끊어지지 않고 이어진다. 97년에는 을지부대에서 1년간 전 장병 인성교육을 했고, 98년에는 이기자 부대에서 아예 6개월동안 부대에서 생활하면서 사단 전체를 대상으로 인성교육을 실시하였다. 그 것이 계속 이어져 2005년에는 국방부 전임직원 2,500명을 대상으로 교육을 하게 되었고 지금도 틈만 나면 군부대에 교육하러 다니는데 이러한 인연이 신기할 따름이다.

지금 우리 대한민국은 서로에게 희망이나 힘을 주는 긍정의 에너지 보다는 절망과 어두운 부정의 에너지가 더 판을 치고 있는 것 같다. 연일 신문지상을 오르내리는 각종 비리들과 사건들을 보면서 이 시대의 희망을 어디에서 찾아야 하는가?에 대한 고민에서 이 책을 쓰게 되었다.

결국은 우리 스스로가 우리 안에서 희망과 긍정의 에너지를 이끌어 내야 한다. 우리민족은 어떠한 고난도 물리쳐 온 민족이고, 세상을 바꿀 수 있는 저력을 가진 민족이다. 그 안에는 우리민족의 유구한 역사 속에 면면히 이어오는 정신과 철학이 있다. 이 희망의 에너지로 우리뿐 아니라 진정한 세계의 평화가 우리나라로 말미암아 전 세계에 실현되기를 간절히 소망하는 바이다.

마지막으로 『25시』의 작가이자 시인인 게오르규 신부가 한국인에게 주는 메시지로 마무리하고자 한다.

어떤 고난의 역사도 결코 당신들에게서
당신들의 아름다운 시와 노래와 기도를 빼앗아 가지는 못했습니다.

왕자의 영혼을 지니고 사는 여러분!
당신들은 세계가 잃어버린 영혼을 지니고 있습니다.
당신들이 창조한 것은 냉장고와 텔레비전과 자동차가 아니라
지상의 것을 극복하고 거기에 밝은 빛을 던지는 영원한 미소
인류의 희망입니다.
내일의 빛이 당신의 나라인 한국에서 비춰 온다고 해서
조금도 놀랄 것이 없습니다.
왜냐하면 여러분은 수많은 고난을 당해 온 민족이며
그 고통을 번번이 이겨 낸 민족이기 때문입니다.
당신들은 고난과 수렁 속에서
스스로의 슬기와 용기와 힘으로 고개를 든 민족이기 때문입니다.